MARCO POLO

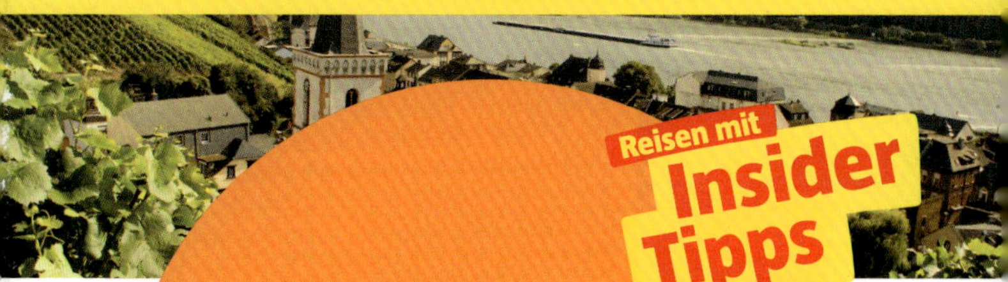

Reisen mit **Insider Tipps**

RHEINGAU

WIESBADEN

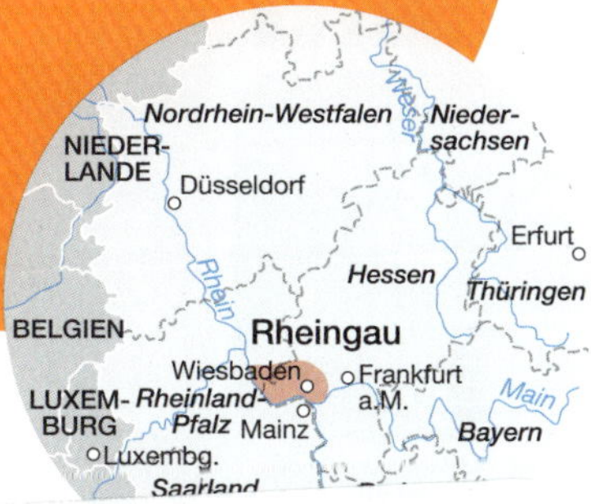
Nordrhein-Westfalen
Nieder-sachsen
NIEDER-LANDE
Düsseldorf
Weser
Erfurt
Rhein
Hessen
Thüringen
BELGIEN
Rheingau
Wiesbaden
Frankfurt a.M.
Main
LUXEM-BURG
Rheinland-Pfalz
Mainz
Bayern
Luxembg.
Saarland

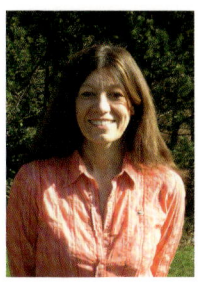

MARCO POLO Autorin
Birgit Müller-Wöbcke

Bereits während des Studiums begann Birgit Müller-Wöbcke als Reisejournalistin zu arbeiten. Längst hat sie ihr Hobby zum Beruf gemacht. Bei ihren Touren rund um den Globus stellte die gebürtige Rheingauerin fest, dass ihr Zuhause eine der schönsten Regionen überhaupt ist – ländlich und städtisch, idyllisch und weltoffen, derb und schick im gleichen Maß.

www.marcopolo.de/rheingau-wiesbaden

← UMSCHLAG VORN:
DIE WICHTIGSTEN HIGHLIGHTS

Die besten Insider-Tipps → S. 4

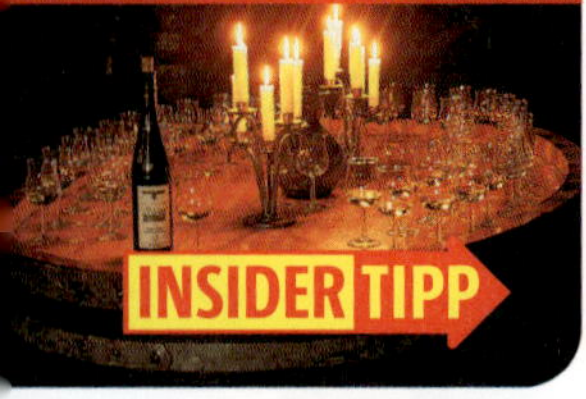

Best of ... → S. 6

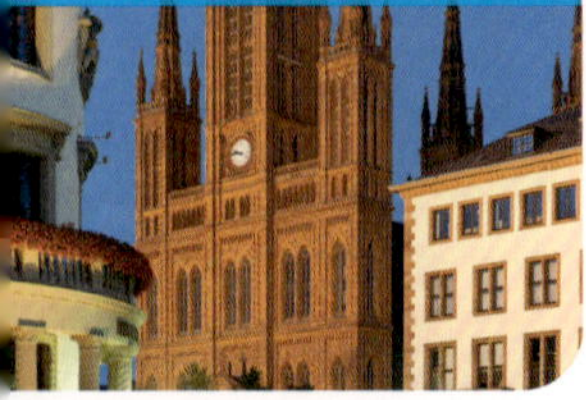

Wiesbaden → S. 32

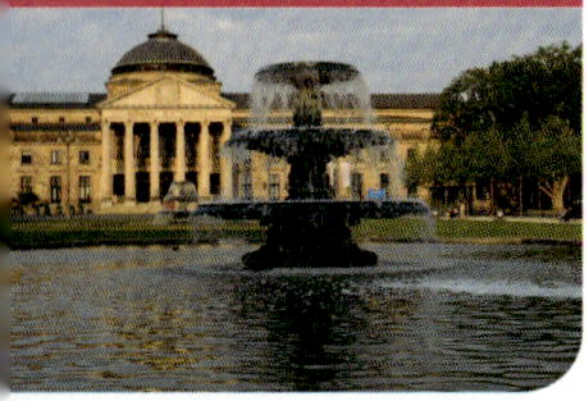

Östlicher Rheingau → S. 42

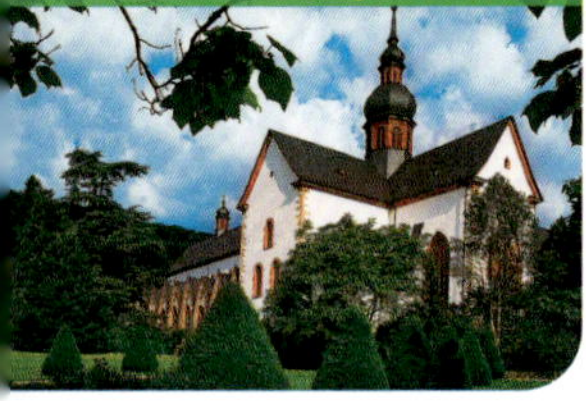

SYMBOLE

INSIDER TIPP	Insider-Tipp
★	Highlight
●●●●	Best of ...
☀	Schöne Aussicht
♻	Grün & fair: für ökologische oder faire Aspekte
(*)	kostenpflichtige Telefonnummer

PREISKATEGORIEN HOTELS

€€€	über 150 Euro
€€	80–150 Euro
€	unter 80 Euro

Die Preise gelten für zwei Personen im Doppelzimmer ohne Frühstück

PREISKATEGORIEN RESTAURANTS

€€€	über 20 Euro
€€	10–20 Euro
€	unter 10 Euro

Die Preise gelten für ein Tellergericht ohne Getränke

INHALT

Westlicher Rheingau → S. 64

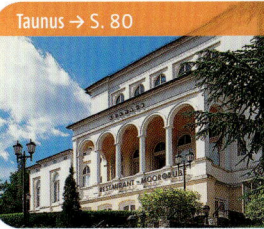
Taunus → S. 80

Ausflüge & Touren → S. 88

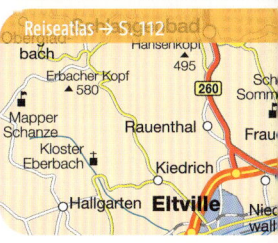
Reiseatlas → S. 112

GUT ZU WISSEN

KARTEN IM BAND
(114 A1) Seitenzahlen und Koordinaten verweisen auf den Reiseatlas
Es sind auch die Objekte mit Koordinaten versehen, die nicht im Reiseatlas stehen
(U A1) Koordinaten für die Karte von Wiesbaden im hinteren Umschlag

UMSCHLAG HINTEN: FALTKARTE ZUM HERAUSNEHMEN →

FALTKARTE 𝄜
(𝄜 A–B 2–3) verweist auf die herausnehmbare Faltkarte
(𝄜 a–b 2–3) verweist auf die Zusatzkarte auf der Faltkarte

Die besten MARCO POLO Insider-Tipps

Von allen Insider-Tipps finden Sie hier die 15 besten

INSIDER TIPP **Picknick vor dem Schloss**
Im Biebricher Schlosspark locken eine künstliche Ruine, Papageien und ein kleiner Teich → S. 35

INSIDER TIPP **Wie schmeckt es eigentlich im Dunkeln?**
Im Erfahrungsfeld der Sinne: Essen in der Finsternis und andere merkwürdige Dinge → S. 35

INSIDER TIPP **Bio vom Feinsten**
Produktion, Verkauf, Bewirtung – in der Domäne Mechtildshausen stimmt alles. Der riesige Innenhof des Biolandbetriebs erinnert mit seinen Pferdeställen, diversen Hofläden und gastronomischen Betrieben an einen Marktplatz → S. 37

INSIDER TIPP **Pizza bei Onkel Nico**
Aus dem Molise an der südlichen Adria stammt Nicola Roberto, der den Teig für seine über 40 Sorten Pizza eigenhändig durch die Luft wirbelt. Das kleine, äußerlich eher einfache Restaurant in Wiesbaden hat viele treue Fans → S. 38

INSIDER TIPP **Lunch im Kloster**
Ein Selbstbedienungsrestaurant, das Wanderer und Spaziergänger begeistert: Im Pfortenhaus des Klosters Eberbach gibt es zu kleinem Preis lokale Hausmannskost und Weine im offenen Ausschank – und von der Terrasse blickt man auf die Klostergebäude → S. 57

INSIDER TIPP **Treffpunkt Gino**
Lebhaft, eng, manchmal etwas chaotisch und mit bester italienischer Kochkunst: Der Inhaber des Piccolo Mondo in Eltville, von den Stammgästen nur Gino genannt, und seine Leute begeistern stets aufs Neue. Mittags gibt es günstige Angebote → S. 46

INSIDER TIPP **Weinprobe in historischem Ambiente**
Das herrliche Kloster Eberbach lädt nicht nur zum Besichtigen ein. Ob im historischen Hospital- oder im Cabinet-Keller: Die Atmosphäre steht den ausgesuchten Weinen nicht nach (Foto o.) → S. 57

INSIDER TIPP **Stöbern nach Herzenslust**
Im Gartenhaus von Sallys Open Garden in Oestrich gibt es viel zu entdecken. Und bei einem Plausch mit der stets gut gelaunten Inhaberin bekommen Sie so manchen Deko- und Gartentipp → S. 61

INSIDER TIPP **Bratwurst mit Flussblick**
Im Anleger 511 am entsprechenden Flusskilometer blickt man vom alten Anleger auf die Rheinschiffe und genießt die Produkte, die ein Trio erfolgreicher Köche kreiert, z. B. die beliebte Bratwurst → S. 46

INSIDER TIPP **Schnorrerrallye in Kiedrich**
Bei der Altweiberfastnacht geht die Post ab, denn Kiedrichs Weiber sind gnadenlos → S. 102

INSIDER TIPP **Schlafen im Weinfass**
In der Rüdesheimer Drosselgasse übernachtet man beim Lindenwirt auf ungewöhnliche Art: nicht luxuriös, dafür originell – ein großer Spaß sind die umgebauten Weinfässer (Foto u.) → S. 76

INSIDER TIPP **Zu Gast bei den Brentanos**
Im ehemaligen Sommerhaus der Familie Brentano, später Treffpunkt von Literaten, genießen Sie heute bürgerliche Küche mit mediterranem Akzent → S. 61

INSIDER TIPP **Wo Wiesbaden rockt und swingt**
Konzerte, Nachtflohmarkt, Biergarten, Partys: Das Wiesbadener Kulturzentrum Schlachthof ist Treffpunkt musikbegeisterter Gäste → S. 40

INSIDER TIPP **Kaschmir aus der Mongolei**
Ein junges Paar importiert aus seiner Heimat hochwertige Strickwaren: Im Khangai in Eltville gibt es wunderschöne Pullover und Jacken, meilenweit entfernt von üblicher Kaufhausware → S. 47

INSIDER TIPP **Tierbeobachtung in Wiesbaden**
In der Fasanerie: Bären, Wölfe und Kaninchen, dazu Spielplätze und Picknickwiesen → S. 98

BEST OF ...

TOLLE ORTE ZUM NULLTARIF
Neues entdecken und den Geldbeutel schonen

SPAREN

● *Mediathek Eltville*
Im restaurierten Ratssaal des alten Rathauses von Eltville treffen sich im ersten Stock die Bücherliebhaber. Dort gibts nicht nur Bücher, Filme und CDs für Mitglieder, sondern auch einen stimmungsvollen Ruheort mit Zeitungen, Zeitschriften und Kaffee zum Selbstbedienen → S. 48

● *Fitness im Taunuspark*
Das Gelände des *Nature Fitness Parks* ist wie geschaffen dafür, auch Sportfaule auf den Geschmack zu bringen. Mit oder ohne Nordic-Walking-Stöcke können Sie sich hier fit machen für neue Herausforderungen – ohne einen Cent und an der frischen Luft → S. 96

● *Carillonkonzert*
Wenn der Kantor der *Marktkirche* von Wiesbaden die 49 Glocken des Turmgeläuts spielt, füllt die Musik den gesamten Marktplatz. Jeden Samstagmittag, wenn auf dem Platz Kräuter und Gemüse aus hessischem Anbau verkauft werden, ist es wieder so weit (Foto) → S. 35

● *Cineastische Highlights auf der Wiese*
Beim *Open Air Film* werden die Reisinger Anlagen in Wiesbaden in Sommernächten zur Filmbühne. Statt Eintrittsgeld brauchen Sie nur eine Decke oder eine Unterlage mitzubringen! → S. 40

● *Gregorianische Choräle*
Einer der weltweit ältesten Kirchenchöre singt in der gotischen Pfarrkirche von Kiedrich – eine Tradition, die über sieben Jahrhunderte zurückreicht. Jeden Sonntag um 9.30 Uhr zum *Choralhochamt* kommen Sie umsonst in diesen Genuss. Und anschließend gibts noch eine kostenlose Führung durch die Kirche → S. 55

● *Zeitreise in die Sechzigerjahre*
Im *Asbach Besucher-Center* in Rüdesheim wird in einer Multivisionsshow die Zeit zum Leben erweckt, als das Fernsehen noch ein brandneues Medium war und die Asbach-Werbeslogans in ganz Deutschland zum geflügelten Wort wurden → S. 76

○○●● Diese Punkte zeichnen in den folgenden Kapiteln die Best-of-Hinweise aus

● Burgenspotting auf dem Wasser

„Warum ist es am Rhein so schön?" Dieser Frage gehen Sie am besten auf einer Tour mit einem der *Ausflugsdampfer* nach. Buchen Sie bei gutem Wetter, dann ist die Fahrt auf dem Oberdeck noch mal so schön! → S. 96

● Spundekäs und Winzerweck

Als nahrhafte Unterlage beim Weingenuss gibt es in den Straußwirtschaften Regionaltypisches: kleine, deftige Gerichte, die wunderbar mit der Säure des Rieslings harmonieren; zu empfehlen z. B. im *Gutsausschank Maximilianshof* in Erbach → S. 50

● Kirchen und Klöster

Traditionsreiche Kirchen und Klöster gibt es im Rheingau dutzendfach. Neben dem weltbekannten Kloster Eberbach ist da z. B. das hoch über dem Fluss thronende Kloster *St. Hildegardis* zu nennen, in dem heute nicht nur Gläubige Einkehr suchen. Die Wirkstätte von Hildegard von Bingen ist nämlich Wohnort für Benediktinerinnen, die nebenbei sogar einen Weinberg bewirtschaften. Schnuppern Sie unbedingt einmal in den Klosterladen! → S. 79

● Weinkauf in der Vinothek

Im Rheingau muss man einfach Wein kaufen; wenn nicht im Anschluss an eine Weinprobe oder direkt beim Lieblingswinzer, dann dort, wo Sie die Auswahl haben und auch probieren können – in stilvollem Rahmen z. B. in der Vinothek *Eltvinum* in Stadt Eltville → S. 46

● Fachwerk über alles

Einst baute man im Rheingau die Häuser aus Fachwerk. In den letzten Jahrzehnten wurden die schönsten dieser Bauten restauriert und erstrahlen daher heute in neuem Glanz. Der *Hattenheimer Marktplatz* ist ein besonderes Juwel und im alten Gasthof *Zum Krug* (Foto) können Sie nicht nur wohnen, sondern auch fein essen → S. 51 und 52

● Ein weißer Burgturm

Wahrzeichen von Eltville ist die *Kurfürstliche Burg,* zu erreichen über die Rheinpromenade oder über die Kopfsteinpflastergässchen der Altstadt. Besonders an Sommertagen, wenn die vielen Rosen im Burghof alles mit ihrem Duft erfüllen, ist ein Besuch sehr romantisch → S. 44

TYPISCH

BEST OF ...

REGEN

● **Riesige Weinkeller**
Im *Steinbergkeller* neben dem Kloster Eber-bach lernen Sie auf einer Führung mit Weinprobe kennen, wie die Hessischen Staatsweingüter ihren Riesling verarbei-ten → **S. 58**

● **Caldarium mit Stuck und Mosaiken**
Gönnen Sie sich einen Spabesuch auf hohem Niveau in der mit Millionenauf-wand restaurierten *Kaiser-Friedrich-Ther-me* in der Wiesbadener Altstadt. Badeho-se und Bikini können Sie zu Hause lassen, denn zwischen den Thermalbecken und Saunen gibt es nur Nackedeis (Foto) → **S. 39**

● **Wiener Kaffeehaus in Wiesbaden**
Eine Institution mit nostalgischem Flair, die selbst bei Schülern und Studenten in ist: Genießen Sie in der schummerigen Atmosphäre des *Café Maldaner* die selbst hergestellten Süßigkeiten und gönnen Sie sich einen Rüdesheimer Kaffee – der vertreibt auch hartnäckigen Regenwetterblues → **S. 38**

● **Kasino im Kurviertel**
Wiesbadens *Spielbank* hat schon viel Prominenz kommen und gehen sehen. Nicht nur zum Geldgewinnen und -verlieren, sondern auch zum Leutebeobachten die erste Wahl → **S. 40**

● **Geschichte der Weinerzeugung**
Bei einem Rundgang im *Rheingauer Weinmuseum Brömserburg* in Rüdesheim werden Sie Zeuge, wie vielfältig die Weinherstellung schon vor Jahrhunderten war → **S. 73**

● **Musikalisches Kabinett**
Siegfried's Mechanisches Musikkabinett in Rüdesheim ist (nicht nur) bei Regen ein Muss: kurzweilig, amüsant und informativ – und erst die Töne, die man den historischen Geräten entlockt → **S. 74**

ENTSPANNT ZURÜCKLEHNEN
Durchatmen, genießen und verwöhnen lassen

● **Über die Reben schweben**

Ziemlich „retro" finden junge Leute die Aussicht, mit einer *Kabinenseilbahn* von der Rüdesheimer Altstadt hinauf zum Niederwalddenkmal zu schweben. Die Bahn ist deshalb bei Jung und Alt als romantischer Ort in der Dämmerung und an nebligen Herbsttagen kaum zu schlagen → **S. 72**

● **Heilende Berührungen**

Traditionelle *Thaimassage* in der Eltviller Altstadt – bereits die friedliche Atmosphäre tut wohl. Daneben gibt es auch Ölmassagen und andere Wellnesstherapien → **S. 47**

● **Winzersekt unter Platanen**

Ein, zwei Stündchen gehen wie im Flug vorbei, wenn Sie auf einer der Parkbänke unter den mächtigen Platanen an Eltvilles Rheinufer Platz nehmen; der dortige *Weinprobierstand* wird im Wechsel von Rheingauer Winzern betrieben, die ihre Weine und Rieslingsekt zu moderaten Preisen ausschenken → **S. 48**

● **Auf einen Tee ins Schlosshotel**

Sie müssen nicht wohnen im luxuriösen *Schlosshotel Reinhartshausen* in Erbach. Bestellen Sie Earl Grey und einen der köstlichen Kuchen und erfreuen Sie sich an der Atmosphäre und dem Blick, den schon die einstige Hausherrin Prinzessin Marianne von Preußen genoss → **S. 49**

● **Relaxen im Freibad**

Das *Opelbad* in Wiesbaden ist das schönste Freibad weit und breit – und ein Kulturdenkmal, dessen weiße, deckartige Terrassen im Bauhausstil an Schiffsarchitektur denken lassen. So stilvoll haben Sie bestimmt noch nicht gechillt! → **S. 39**

● **Haute Cuisine und Rheinromantik**

Während Sie auf der von Blauregen umwucherten Terrasse der Hotellegende *Krone* in Assmannshausen auf das köstliche Menü warten, gönnen Sie sich einen eiskalt servierten Jahrgangssekt → **S. 77**

AUFTAKT

ENTDECKEN SIE DEN RHEINGAU!

Auf einer Terrasse über dem Rhein bei Rieslingsekt und geräucherter Forelle. Der Blick schweift über den sanft geschwungenen Treppenabgang, über Ginkgobäume, Eichen, Pavillon und Kräutergarten des Preußenschlosses Hotel Reinhartshausen. Auf dem Fluss gleiten Lastschiffe dahin, ein Heißluftballon segelt über schiefergedeckte Fachwerkhäuser und gotische Kirchtürme, über Weinlagen wie Erbacher Marcobrunn und Kiedricher Sandgrub: Dieses Idyll liegt weniger als eine Autostunde von Frankfurt entfernt.

Egal ob Ihnen danach ist, ein Jazzkonzert zu besuchen, im rosenbewachsenen Burghof nach Antiquitäten zu stöbern, die besten Weine des Landes zu verkosten oder in einem modern designten Gutshof zu übernachten: Wiesbaden und der Rheingau sind ganzjährig ein phantastisches Ziel für vielfältige Entdeckungen. Im Frühling erkunden nicht nur Cabrio- und Motorradfahrer die Straßen am Rhein und fahren durch die Wälder des Taunus. Von Juni bis in den Spätsommer locken zahlreiche Feste und Festivals. Rheinromantik prägt den Herbst zur Zeit der Traubenlese und im

Bild: Schloss Vollrads bei Oestrich-Winkel

Nicht nur während der Weinwoche herrscht in Wiesbaden eine fast mediterrane Atmosphäre

Winter haben Sie Muße, um sich den vielen kulturellen Highlights der Region zu widmen.

Zwischen Wiesbaden und Lorch erstrecken sich die grünen Hügel des Rheingaus, gestern eine Quelle der Inspiration für Dichter und Denker, heute eines der Lieblingsziele nicht nur für deutsche Besucher, sondern auch für US-Amerikaner und Japaner. Das Rheingaugebirge, nämlich die südlichen Ausläufer des Taunus, die bis wenige Kilometer an den Rhein heranreichen, schützt die Region vor kalten Winden und Stürmen.

Als Teil des Naturparks Rhein-Taunus ist dieser bis 580 m „hohe" Bergzug ein großes Naherholungsgebiet mit zahlreichen Wanderwegen. Bis auf wenige gerodete Flächen ist das Rheingaugebirge von Wäldern bedeckt und stellt somit eines der größten zusammenhängenden Waldgebiete Deutschlands dar. Wanderer finden hier seltene Schmetterlinge und Orchideen, kleinwüchsige, von Moos bedeckte Eichen und viele Farne und Flechten. Doch auch in kultureller Hinsicht hüten der Rheingau und seine

1. Jh.
Römische Truppen errichten ein Kastell an den heißen Quellen auf dem Gebiet des heutigen Wiesbaden

Um 400
Germanen vertreiben die Römer vom Rhein

772
Erste urkundliche Erwähnung des Weinanbaus und der Grafschaft Rheingau

829
Erstes Zeugnis von Wisibada („Bad in den Wiesen") als Handelsplatz

12. Jh.
Klostergründungen im Rheingau (Johannisberg, Eberbach, Tiefenthal): Ausweitung des Weinbaus

sich bei Rüdesheim anschließende Fortsetzung, das Mittelrheintal, Schätze: Schlösser, Burgen, Kirchen und Klöster prägen die Dörfer.

Einer Laune der Natur hat der Rheingau seine spezifische geografische Eigenart zu verdanken: Nur hier ändert der Rhein, Deutschlands berühmtester Fluss, auf seiner 1000 km langen Strecke nach Norden seinen Lauf und fließt rund 40 km in Ost-West-Richtung, um dem Taunusgebirge auszuweichen. Dies bewirkt ein günstiges Mikroklima und verhalf so vor etwa 1200 Jahren dem Weinbau zum Durchbruch, nachdem die Römer ihn bereits Jahrhunderte zuvor mitgebracht hatten. Lange, warme Sommer, kurze, milde Winter und ausreichend Regen, dazu eine ganzjährig starke Sonneneinstrahlung auf den Rhein und die nach Süden gerichteten, ihm zugewandten Weinberge: Bessere Bedingungen kann ein Weinbauer sich nicht wünschen.

Heute bedecken Weinberge über 30 km² Fläche im Rheingau. Rund vier Dutzend große Weingüter mit mehr als 10 ha sind registriert, zum großen Teil Unternehmen, die seit Generationen in Familienbesitz sind.

> **Das milde Klima ist ideal für den Weinbau**

Ihnen stehen weit über 300 kleinere Winzerbetriebe zur Seite. Zählt man auch noch die etwa 1000 Winzer hinzu, die ihre bis zu 2 ha großen Weinberge im Nebenerwerb kultivieren, so wird deutlich, warum der Rheingau oft auch als „Weingau" bezeichnet wird.

Der Fremdenverkehr ist neben dem Weinbau der wichtigste Erwerbszweig der Region. An historisch bedeutsamen Orten, in Burgen, Klöstern und Schlössern, können Sie

1525
Während des Bauernkriegs Aufstand der Bauern gegen die Privilegien der Klöster und des Adels

1918–25
Französische Truppen besetzen den Rheingau; der Versuch, eine unabhängige Rheinische Republik zu etablieren, scheitert

1985
„Der Name der Rose" wird im Kloster Eberbach gedreht

2012
Die neue, 2011 eröffnete Landebahn des Frankfurter Flughafens und veränderte Flugrouten führen zu vermehrtem Fluglärm, die Bevölkerung wehrt sich mit Demonstrationen

Konzerte und Theateraufführungen besuchen. Inmitten der schmucklosen und doch so eindrucksvollen Wände der romanischen Basilika des Klosters ertönt ein Saxofon, mischt sich mit gregorianischen Gesängen: Immer wieder finden im Kloster Eberbach außergewöhnliche Musikereignisse statt – und ab und zu auch Veranstaltungen spiritueller Natur, wenn buddhistische Pilger aus Asien, auf Besuch in Europa, ihre Reise mit einer Meditation im Kloster Eberbach beginnen. Und Kultur mischt sich im Rheingau mit Genuss: Vom Frühjahr bis zum Herbst finden zahlreiche Feste und Veranstaltungen statt, bei denen der Rheingauer Wein im Mittelpunkt steht. Kulturelle Glanzlichter wiederum bietet das anspruchsvolle Rheingau-Musik-Festival.

Schwer zu sagen, wann die beste Zeit für den Rheingau ist. Im Herbst, sagen die Genießer, zur Zeit der Traubenlese und der Weinauktion im Kloster Eberbach. Oder im Sommer, wenn keine Woche vergeht, ohne dass nicht irgendwo ein Fest gefeiert wird. Oder vielleicht im Winter, wenn Schnee den Dörfern ein beschauliches Aussehen verleiht, Winzer und Gutshöfe ihre Tore zu Adventsausstellungen öffnen. In diese Zeit fällt auch die Fastnacht mit zahlreichen Umzügen, am bekanntesten der von Kiedrich. Vielleicht aber doch im Frühling, wenn die vielen Bäume die alte Kulturlandschaft in grün schimmerndes Licht setzen und an zahlreichen Straßenständen die ersten frischen Erdbeeren, der erste Ingelheimer Spargel verkauft wird.

Kultur mischt sich im Rheingau mit Genuss

Kein Wunder also, dass die Beliebtheit des Rheingaus, auch bedingt durch die Nähe zum Rhein-Main-Gebiet – Frankfurt ist nur rund 50 km entfernt –, zu starkem Zuzug führt. So entstanden in den letzten Jahren in vielen Gemeinden neue Baugebiete, deren Grundstücke trotz der durchweg hohen Quadratmeterpreise rasch ihre Abnehmer fanden.

Getrübt wird die Lebensqualität im Rheingau für nicht wenige erstmals seit Ende 2011: Mit der Eröffnung einer neuen Start- und Landebahn auf dem Frankfurter Flughafen, die dessen Kapazität beträchtlich steigert, und der damit verbundenen Ausweisung neuer Flugrouten über den Rheingau sind Fluggeräusche – viele sprechen von massivem Fluglärm – in der Region ein nicht mehr wegzudiskutierendes Phänomen geworden. Und schon droht weiteres Ungemach: Der zunehmende rechtsrheinische Güterverkehr führt zu vermehrtem Lärm entlang der parallel zum Rhein verlaufenden Bahntrasse.

Neben Frankfurt liegen zwei weitere bedeutende Städte in unmittelbarer Nähe zum Rheingau; als Einkaufsziel sind sie gleichermaßen geschätzt: das volkstümlichere Mainz ebenso wie das feine Wiesbaden. Das „Nizza des Nordens" zehrt noch heute von seiner einstigen Bedeutung als Weltkulturstadt. Nassauische Baumeister schufen einen einzigartigen Bestand an klassizistischen Palästen, Villen und Bürgerhäusern. In der Spielbank – einem historischen Schmuckstück – verlor schon Fjodor Dostojewski viel Geld. Den russischen Schriftsteller inspirierte das Kasino zu seinem Roman „Der Spieler".

Niederwalddenkmal Rüdesheim: Die Germania mit Reichsschwert und Kaiserkrone wiegt 32 t

Von Wiesbaden führt die Bundesstraße 260 als „Bäderstraße Taunus" nach Bad Ems und passiert dabei die Staatsbäder Bad Schwalbach und Schlangenbad. Hier verlief die Entwicklung ähnlich wie in Wiesbaden: Nach den Römern erlebten die Bader ihre kulturelle Blüte, als zu den Kurgästen die österreichische Kaiserin und die Zarin von Russland zählten. In der Umgebung der heute ganz bodenständigen Orte liegen kleine Taunusdörfer, in denen die rustikale Küche der Region serviert wird – Kontrastprogramm zum mondänen Wiesbaden und den vielen Feinschmeckerrestaurants im Rheingau.

Rheingauer, so heißt es, sind selbstbewusst, streitbar, direkt und aufgeschlossen. Die eher derbe hessische Mundart, die man im Rheingau spricht, ist ein passender Ausdruck dieses Naturells. Man kennt sich, ist an jedem und allem interessiert. „Ei, zu wem wolle Se dann?" bekommen Sie schon mal zur Antwort, wenn Sie nach einer bestimmten Straße fragen. Der Humor darf im Rheingau nie zu kurz kommen: Im „Spätlesereiter", einem in der

Theater und Konzerte in Schlössern, Burgen und Klöstern

Region gezeichneten und produzierten Comic, der zu den erfolgreichsten Deutschlands gehört, heißt es in Anspielung auf die berühmten ersten Sätze in Julius Cäsars „De bello gallico" kurz und prägnant: „Europa in seiner Gesamtheit zerfällt in sechs Teile, in Nord-, West-, Süd-, Ost-, Mitteleuropa und den Rheingau." Entdecken Sie selbst, dass diese Pointe mehr als ein Bonmot ist!

IM TREND

1 Spontan

Bühne Improvisation ist aller Anfang. Im Rheingau stehen mehr und mehr Improvisationsensembles auf der Bühne. So wie *Für Garderobe keine Haftung (www.fgkh.de, Foto)* oder *Restrisiko (www.restrisiko.info)*, die auch beim jährlichen *Wiesbadener Impro-Sommer (www.improsommer.de)* nicht fehlen dürfen. Bei ihnen weiß man nie, wie das Stück oder gar der Abend endet. Populärer Veranstaltungsort ist die *Walkmühle (Walkmühle 1/Bornhofenweg 9, www.walkmuehle.net)* in Wiesbaden.

Offene Türen

2

Kunst Wiesbadens Bürger öffnen der jungen, zeitgenössischen Kunst ihr Herz, und die Künstler öffnen ihre Türen: Die *Offenen Ateliers im Westend (www.offene-ateliers-westend.de)* locken haufenweise Neugierige in das Viertel und nehmen Kunstneulingen die Scheu vor Galerien und Ateliers. Nach dem Rundgang lohnt sich auch ein Abstecher in die Nerostraße. In der Hausnummer drei zeigt die *Galerie für Angewandte Kunst (www.gfak.de)* Designklassiker des vergangenen Jahrhunderts von Alvar Aalto bis Marco Zanuso.

Tore auf Tauchgang

3

Kicker Erwachsene Männer und Frauen entdecken ihre Liebe zum Tischfußball wieder. Gekickt wird in Kneipen wie *Toms Bierbrunnen (Hellmundstr. 54, Wiesbaden)* und in professionellen Vereinen wie *Wild Card Wiesbaden (Nettelbeckstr. 20, Wiesbaden, www.wild-card-wiesbaden.de)* – und sogar unter Wasser. Die passionierten Kickerspieler des *Tauchclubs Shark (Mühlstr. 4, Eltville, www.tauchclub-shark.de, Foto)* gehen ihrem Hobby schon mal am Grund eines Schwimmbeckens nach – und stellen Weltrekorde auf.

Gut abgeschmeckt

Kräuterkunst Der Einfluss von Hildegard von Bingen ist auch in Walluf noch spürbar. Im Restaurant *Alt Walluf (Alte Hauptstr. 34)* wird ein herbstliches Wildmenü serviert, das nach den Regeln der Kräuterkundigen zubereitet und gewürzt ist. Um die Heilkraft von Sonnentau, Haferwurz und Ringelblume geht es auch bei den *Schlangenbader Kräutertagen (www.schlangenbad.de)*, die im Frühsommer stattfinden. Kräuterkundler, Gärtnereien und Köche teilen dann ihr Wissen und ihre Zutaten. Wer den Markt verpasst hat, findet in einem von Deutschlands bestsortierten Gewürzläden sicherlich das Richtige. Bei *Gewürz Müller (Mühlgasse 9, Wiesbaden)* gibt es von Anattosaat über Bertramwurzel und Lavendel bis zum Zimt aus Ceylon alles, was das Herz begehrt. Die entspannende Wirkung der Kräuter kommt bei einer Massage besonders gut zur Geltung. Wie wäre es mit einer Kräuterstempelmassage *(Thai Spa, Rheingauer Str. 33, Eltville, Foto)*?

Architek-Tour

Sehenswert Zu den pittoresken Häuschen, für die das Rheingau so bekannt ist, gesellen sich immer mehr zeitgenössische Hingucker wie die *Kapelle im Feld (Vor den Fichten, Wiesbaden, Foto)* oder das von Christoph Mäckler gestaltete Hörsaalgebäude der *European Business School* in Oestrich-Winkel. Und ein Besuch des gläsernen Kubus der Vinothek im Kloster Eberbach ist nicht nur für Weinkenner empfehlenswert, sondern auch für Architekturinteressierte. Zugang zu wegweisenden Privatgebäuden und öffentlichen Bauten in Wiesbaden gibt es immer am *Tag der Architektur (www.akh.de)*.

STICHWORTE

ÄSKULAPNATTER

Ihr Anblick soll Glück verheißen: Bis zu 2 m lang wird die im Rheingau beheimatete, unter Naturschutz stehende Äskulapnatter. Die dunklen, auf der Bauchseite hellgelb leuchtenden Tiere schätzen sonnige Täler, Bruchsteinmauern und die Nähe warmer Quellen. Die ungiftige Natter, der das Heilbad Schlangenbad seinen Namen verdankt, war das Vorbild für das Symbol des antiken Gottes der Heilkunst und der Ärzteschaft, den Äskulapstab. Vermutlich wurden die Tiere zur Zeit der Römer als Tempelschlangen im Rheingau angesiedelt.

EBS

Das Kürzel steht für European Business School. Die Ende der Siebzigerjahre gegründete private Wirtschaftshochschule entwickelte sich zu einer Eliteschmiede für den Businessnachwuchs. Die Zugangsvoraussetzungen sind anspruchsvoll, die Studiengebühren nicht niedrig. Die lehrenden Professoren werden unterstützt durch externe Dozenten aus der Wirtschaft und international erfolgreiche Manager. Integriert ins Studium sind zwei Auslandssemester – als Abschluss winkt der Master of Business Administration. Hauptsitz der Hochschule ist das zu Oestrich-Winkel gehörige Schloss Reichartshausen, der Lehrstuhl für Immobilienökonomie ist im historischen Bau des ehemaligen Oestricher Rathauses untergebracht. Mit der Gründung der EBS Law School und der Etablierung einer rechtswissenschaftlichen Fakultät in

Burgen und Gebück, Büttchen und Sekt:
Hier koexistieren das Flair des Mittelalters
und die moderne Businesswelt des 21. Jhs.

Wiesbaden 2011 erlangte die EBS den Status einer Universität für Wirtschaft und Recht. Mit nur 88 Studenten und renommierten Professoren startete der erste Jahrgang, der nach viereinhalb Jahren zu drei hochwertigen Abschlüssen führt. Die rasch wachsende Eliteuniversität prägt besonders den Rheingau, u. a. durch die Präsenz der EBS-Studenten, hochrangige Symposien und nicht zuletzt durch engagiertes ehrenamtliches Engagement der Studenten für sozial Bedürftige und Behinderte. *www.ebs.edu*

ERBE DER MENSCHHEIT

Das obere Mittelrheintal wurde 2002 in die Unescoliste des Welterbes der Menschheit aufgenommen. Damit befindet sich die Region zwischen Rüdesheim und Bingen im Süden sowie Koblenz im Norden in bester Gesellschaft. Auf die 67 Flusskilometer verteilen sich nicht weniger als 21 aus dem Mittelalter stammende Burgen: Wer die kurvenreiche Strecke entlangfährt, der passiert – rein rechnerisch – alle 3 km eine neue Burg.

FACHWERKHÄUSER

Im Rheingau begegnen Besucher überall den schönsten Fachwerkhäusern. Im Lauf der Altstadtsanierungen seit Mitte der Siebzigerjahre wurden viele ver-

Holzerker in Rüdesheims Drosselgasse: weinselige Szenen am Schnitzwerk

steckte Fachwerke wieder freigelegt. Von Putz und Verschieferung befreit, traten die kunstvollsten Konstruktionen ans Licht. Ältere Fachwerkhäuser aus dem 17. Jh. waren als Putzfachwerk erbaut, hier dienten also die Gefache von vornherein nur statischen Zwecken. Im 18. Jh. hingegen entstanden prächtige, als Sichtfachwerke konzipierte Häuser. Die Giebelseiten sind gelegentlich geschmückt mit prächtigem Zierfachwerk. Selten ist im Rheingau dagegen die dekorative Bemalung des Zierfachwerks.

FASTNACHT

Die „fünfte Jahreszeit" wird im Rheingau ausgiebig und ausgelassen gefeiert. Hochburg ist zweifellos Kiedrich, wo das närrische Treiben am Donnerstag beginnt und mit dem Rosenmontagszug seinen Höhepunkt hat. In vielen weiteren Orten sowie in der Landeshauptstadt Wiesbaden finden an unterschiedlichen Tagen Fastnachtsumzüge statt.

FREISTAAT FLASCHENHALS

In den Zwanzigerjahren des 20. Jhs. existierte zwischen Lorch und Kaub dieser winzige Freistaat – sogar über eigenes „Notgeld" verfügten die Bürger der beiden Gemeinden. Dieses sonderbare Gebilde hatte sich nach dem Ersten Weltkrieg im Zug der Besetzung durch die Armee der Alliierten entwickelt. Sowohl die US-amerikanische als auch die französische Siegermacht bildeten halbkreisförmige Brückenköpfe in der Region. Da sich diese nicht überlappten, blieb ein unbesetzter Raum in Form eines Flaschenhalses übrig, abgeschnitten vom übrigen Deutschland der Weimarer Republik. Die groteske Situation dieses Freistaats währte immerhin vier Jahre von 1919 bis 1923.

GEBÜCK

Wie im Märchen von Dornröschen: Eine gewaltige Hecke aus Hainbuchen und allerlei Strauchwerk, das sogenannte Gebück, schützte den Rheingau über Jahrhunderte gegen Eindringlinge. Die Mainzer Erzbischöfe zeichneten verantwortlich für diese effektive Form der Landwehr, die vom 12. bis 18. Jh. die Region zwischen Walluf, der „Pforte des Rheingaus", und Lorchhausen vor Angreifern schützte. Bollwerke sicherten die wenigen durch das Gebück führenden Wege. Nachdem das Gebück 1770 aufgegeben wurde, sind heute nur noch wenige Überreste der Landwehr erhalten. Bekannt ist die Mapper Schanze, ein 1492 errichteter Torturm nahe dem Rhein-Höhenweg oberhalb von Hallgarten.

JAPAN

Japaner bilden neben US-Amerikanern die wichtigste Besuchergruppe im Rheingau. Grund genug, immer wieder die Werbetrommel in Nippon zu rühren. Nachdem die Rheingauer Weinkönigin in Japan für ihre Heimat geworben hatte, reiste sogar ein japanisches Filmteam in die Region, um hier für eine beliebte Dokumentationsreihe zu drehen. Der in Japan berühmte Moderator Hideo Shinozawa, Professor für französische Literaturgeschichte, drehte mit der Mannschaft des Privatsenders TBS einen 45-minütigen Beitrag über den Rheingau. Gezeigt wurden die bereits vielen Japanern bekannten Highlights wie Kloster Eberbach, Schloss Vollrads, Schloss Johannisberg und Rüdesheim. Sogar das Loreley-Lied wurde den Zuschauern präsentiert – gesungen vom Filmteam in einer japanischen Version.

KLÖSTER

Viele Jahrhunderte lang waren es Klöster, die im Rheingau das gesellschaftliche, kulturelle und wirtschaftliche Leben prägten. Mönche und Nonnen waren nicht nur für die Belange des geistigen Lebens zuständig, sondern betrieben auch Viehzucht und Weinbau. An einige dieser Klöster erinnern heute nur noch Mauerreste, wie zum Beispiel an das ehemalige Nonnenkloster Gottesthal im Pfingstbachtal bei Mittelheim, das 1803 aufgelöst wurde. In anderen, wie dem von Benediktinerinnen bewohnten Hildegardiskloster in Rüdesheim, wird heute noch nach den überlieferten Klosterregeln gelebt. Als Wallfahrtsziel ist Kloster Marienthal weiterhin von nationaler Bedeutung. Eberbach, das berühm-

Über einem Meer aus Reben erheben sich Kirche und Kloster St. Hildegardis

teste der Rheingauer Klöster und ein Architekturdenkmal von internationaler Bedeutung, ist heute eine Stiftung und unter anderem auch Schauplatz des Rheingauer Musikfestivals. Einst beherbergten die Mauern von Kloster Eberbach den bedeutendsten Mönchsorden des Mittelalters: die Zisterzienser, die ganz nach den strengen Regeln des hl. Benedikt lebten.

RHEINKREUZFAHRTEN

Kreuzfahrten liegen im Trend – und es sind längst nicht mehr nur die Weltmeere und die klassischen Destinationen Karibik und Mittelmeer, die zum gemächlichen Schippern übers Wasser animieren. Flusskreuzfahrten sind heute genauso gefragt und der Rhein gehört, neben Donau, Nil und Rhône, zu den Klassikern im Programm. Bereits vor Jahrzehnten begannen auf dem Rhein die ersten Flusskreuzfahrten, konnten Passagiere die gesamte Route von Basel nach Rotterdam bereisen bzw. eine Teilstrecke wählen. Mit der Zeit wurden es immer mehr Schiffe, die von April bis Oktober unterwegs sind. Im Rheingau hat man sich schon längst daran gewöhnt, dass neben Lastkähnen und vielen Ausflugsdampfern heutzutage auch internationale Flusskreuzfahrtschiffe zwischen Walluf und Lorch unterwegs sind.

RHEINROMANTIK

Dichter und Denker, Komponisten und Gelehrte – in der zweiten Hälfte des 19. Jhs. entdeckten sie ihre Liebe zum Rhein, verewigten ihn in Gedichten und Liedern. Der Wunsch nach (Ritter-)Romantik und einer Vergangenheit, die voller Abenteuer steckte, ließ den Rheingau als urdeutsches Reiseziel erblühen. Und die Architekten unterstützten die Sehnsucht nach Rheinromantik, indem sie sogar künstliche Burgruinen schufen, etwa 1873 die Ruine Schwarzenstein bei Johannisberg.

TRAUBENLESE

Vom Weinstock ins *Büttchen* und anschließend in die von kräftigen Helfern auf dem Rücken getragene *Bütt* – dieses Bild bestimmte jahrhundertelang die Weinlese. Doch neben der Lese von Hand setzt sich immer mehr die maschinelle Ernte durch. Voraussetzung für den Einsatz von Erntemaschinen ist ein größerer Abstand zwischen den einzelnen Rebzeilen. Nur dann können die hohen und breiten Maschinen durch Klopfen und Rütteln die Trauben ernten. Die herab-

WELLNESS IM TAUNUS

Das berühmte Quellwasser verspricht Linderung bei Hautkrankheiten, Rheuma sowie Kreislaufbeschwerden. In Schlangenbad eintreffende Kurgäste melden sich mit der Kurempfehlung ihres Heimatarztes bei einem niedergelassenen Badearzt. Dieser stellt einen Kurplan auf und trägt die empfohlenen Anwendungen in eine Verordnungskarte ein.

Anschließend begibt man sich zu den Kassenschaltern der Kurverwaltung, die über die Abfolge der Behandlungen informiert. Diese erfolgen überwiegend in den Abteilungen für physikalische Therapie der Medizinischen Klinik. Neben Massagen stehen elektrotherapeutische, hydrotherapeutische und heilgymnastische Anwendungen auf dem Plan.

fallenden Früchte werden von einem Lamellensystem aufgefangen, das die Rebstöcke umschließt und die Trauben anschließend auf einem Förderband zum Auffangbehälter transportiert. In wenigen Stunden können so ganze Weinberge abgeerntet werden. Kleinere Weinbaubetriebe und solche, deren Weinberge auf Steillagen angelegt sind, lassen nach wie vor mit der Hand lesen – an sonnigen Herbsttagen eine reizvolle, wenngleich anstrengende Beschäftigung. Übrigens: Zur Zeit der Lese sind die Weinberge für Spaziergänger tabu.

WEINBAU

Von seiner Fläche her (3200 ha) ist der Rheingau eines der kleinsten deutschen Weinanbaugebiete. Der Geschmack des Rheingauer Weins ist geprägt vom milden Klima und von den unterschiedlichen Weinbergslagen. Schieferverwitterungsböden und starke Sonneneinstrahlung auf Steillagen sind ausschlaggebend für Frucht und Eleganz der Rüdesheimer Weine. Reich an Volumen und Gehalt sind die Johannisberger Weine, verursacht durch steinigen Lössboden. Quarzitböden und ebenfalls steiniger Löss prägen die Qualität der Trauben in Mittelheim, Oestrich und Winkel, die von Kennern als fruchtig-würzig, reich und vollmundig beschrieben werden. Marcobrunn, Steinberg und Nussbrunnen sind die Lagennamen, die den Eltviller Wein international bekannt machten. Vulkanische Phylitböden dominieren in Rauenthal und prägen den fruchtbetonten, säurehaltigen Charakter der dortigen Rieslingweine. Immer beliebter werden in den letzten Jahren nach ökologischen Gesichtspunkten angebaute Weine. Das Rüdesheimer ☺ Weingut Georg Breuer, dessen Weine internationales Renommee besitzen, setzt auf naturgemäßen Weinbau mit geringeren Erträgen, auf

saisonale Begrünung und auf die Abkehr von der Monokultur. Das Kürzel VDP steht für den 1910 gegründeten Verband Deutscher Prädikatsweingüter. Diesem pres-

Galt lange als nördliche Grenze für den Weinbau: der 50. Breitengrad

tigeträchtigen Zusammenschluss, der hilft, die besten deutschen Weine weltweit zu vermarkten, sind auch mehrere im Rheingau ansässige Winzer angeschlossen.

ESSEN & TRINKEN

Die hessische Küche ist bäuerlich geprägt und orientiert sich an den Jahreszeiten. In dieser Tradition stehen auch die zahlreichen im Rheingau vertretenen Gutsausschänke und Straußwirtschaften.

Neben kalten Speisen wie Handkäs mit Musik, Spundekäs und Wurstbrot werden dort auch einfach zubereitete warme Speisen angeboten. Klassiker sind Bratkartoffeln und Sülze, Winzersuppen und im Herbst Zwiebelkuchen.

Neben den zahlreichen Restaurants, die klassische bürgerliche Küche (Schnitzel, Steak & Co.) servieren, lebt im Rheingau und in Wiesbaden auch eine Haute Cuisine. In einer Reihe von Feinschmeckerrestaurants bereiten engagierte Köche aus besten, erntefrischen Zutaten köstliche Gerichte, die ihnen glückliche Gäste und hohe Wertungen in den Gourmetführern sichern. Im Trend liegt eine leichte Küche, die aus den Traditionen schöpft und diese zugleich phantasievoll ergänzt. So wird etwa warme Blutwurst mit Currysauce kombiniert, Rotkohl mit frischen Feigen gedünstet, wird die Buttermilchsülze von der Forelle aus dem Wispertal mit ausgebackenen Zucchiniblüten serviert und das Freilandschwein in Holunderblütenöl geschmort.

„Glorreiche Tage" heißt die jährlich im November stattfindende Woche mit einer Fülle von Veranstaltungen, bei der beste Weine und beste Küche zusammenkommen. Prädikatsweine aus dem Rheingau werden zu den Kreationen renommierter Köche gereicht. Die teilneh-

Weck, Worscht und Woi: Gutsausschänke und Straußwirtschaften locken mit feinen wie deftigen regionalen Spezialitäten

menden Restaurants bieten besondere mehrgängige Menüs; Höhepunkt ist die Rieslinggala im Laiendormitorium von Kloster Eberbach.

Auf Grund ihres niedrigen Alkoholgehalts und der fruchtigen Säure gelten die Rheingauer Rieslingweine als gute Begleiter der Speisen. Es gilt allerdings, einige Grundregeln zu beachten. So sollte der Alkoholgehalt des Weins auf das jeweilige Essen abgestimmt sein. Je deftiger die servierten Speisen, desto besser passen Qualitätsweine mit einem höhe-

ren Alkoholgehalt dazu. Zu Salaten munden ausgezeichnet halbtrockene Rieslingweine, die die Säure der Salatsauce mildern. Zum Dessert werden gern Rieslingauslesen gereicht; nur Zitrussorbets machen dabei eine Ausnahme, da deren Säure nicht mit der des Weins harmoniert.

Als Aperitif empfiehlt sich ein Glas Sekt. Neben den großen, auch international bekannten Marken trinkt man verstärkt Winzer- oder Rieslingsekt. Aus imagefördernden Gründen gehen auch kleinere

SPEZIALITÄTEN

▶ **Forelle** – über Tannenholz geräucherte Forelle, meist aus dem Wispertal

▶ **Frankfurter grüne Sauce** – aus sieben frischen Kräutern gerührte Joghurt- bzw. Mayonnaisesauce, serviert mit neuen (Pell-)Kartoffeln

▶ **Handkäs mit Musik** – Harzer Käse, eingelegt in Öl und Zwiebeln

▶ **Maibowle** – mit Waldmeister angesetzte Bowle aus Sekt und Weißwein

▶ **Quetschekuche** – Zwetschgen- bzw. Pflaumenkuchen

▶ **Rüdesheimer Kaffee** – Kaffee mit Sahnehaube und einem Schuss Asbach Uralt (Foto re.)

▶ **Schlachtplatte** – verschiedene Würste, Schnitzel, Braten; ganz traditionell gehört auch eine *Worschtsupp* dazu (Brühe, in der beim Schlachten Leberwurst, Griebenwurst und Kesselfleisch gar gekocht werden)

▶ **Spargel** – im Rheingau meist aus Ingelheim; mit Butter oder Sauce hollandaise und Schinken serviert (Foto li.)

▶ **Spundekäs** – mit Kräutern verfeinerter Doppelrahmfrischkäse

▶ **Sülze** – Aspik in unterschiedlichen Zubereitungsarten, im Sommer häufig aus Rindfleisch; dazu reicht man Bratkartoffeln, kräftiges Brot und Meerrettich

▶ **Uffgesetzter** – mit eingelegten Früchten verfeinerter Tresterschnaps, aus den Rückständen nach dem Auspressen der Weintrauben gebrannt

▶ **Wildschweinsülze** – Spezialität im Herbst und Winter, oft von im Rheingau erlegten Wildschweinen

▶ **Winzersuppe** – die Rezepte mögen von Ort zu Ort unterschiedlich sein, Kräuter, Sahne und ein Schuss Riesling gehören meist dazu

▶ **Winzerweck** – Roggenbrötchen, überbacken mit gekochtem Schinken und Käse

▶ **Zwiebelkuchen** – Blechkuchen aus Hefeteig, geräuchertem Speck, milden Gemüsezwiebeln und Sauerrahm

Weinbaubetriebe dazu über, ihre eigenen Weine versekten zu lassen. „Rheingauer Leichtsinn" heißt der von einer Gruppe junger Winzer kreierte und aus lokalen Rieslingweinen komponierte Qualitätsperlwein. Gut gekühlt serviert, ist er ein köstlicher Aperitif an heißen Sommertagen.

Als Spezialität steht im Herbst, kurz nach Beginn der Traubenlese, in den Lokalen und Gutsausschänken der Federweiße auf der Karte. Der milchig-trübe Saft entsteht bei der Traubenmostgärung; er ist nicht nur hefe- und vitaminreich, sondern wirkt auch verdauungsfördernd. Der Alkoholanteil ist zu Beginn gering (ca. zwei bis vier Prozent) und steigt mit dem Fortschreiten des Gärprozesses nach und nach an.

Was die Buschenschenken in Österreich oder die Besenwirtschaften in Baden-Württemberg, sind im Rheingau die Straußwirtschaften – eine volkstümliche Art, den Wein zu genießen, nämlich direkt beim Erzeuger. Während größere Winzer ihre Gutshöfe das ganze Jahr über geöffnet haben, dürfen Feierabend- und Nebenerwerbswinzer vier Monate im Jahr Gäste empfangen. Die auf Karl den Großen zurückgehende Erlaubnis sieht jedoch vor, dass ausschließlich Weine der eigenen Produktion ausgeschenkt werden. Der äußere Rahmen der per Gesetz auf 40 Sitzplätze beschränkten Ausschankorte mag stark variieren – von nüchtern-schlicht (wenn es sein muss, auch in der Garage) bis urig-volkstümlich –, auf den Tisch kommen jedoch stets die eigenen Weine sowie regionale Spezialitäten. Gourmetküche können Sie in Straußwirtschaften nicht erwarten, denn im Vordergrund steht der Wein. Weck und Worscht, also ein Brötchen mit Fleischwurst, sind allerdings immer dabei. „Wo's Sträußche hängt, wird ausgeschenkt" lautet das Motto, und dies ist auch der Titel eines im Rheingau erhältlichen Führers, der Straußwirtschaften porträtiert.

Die in der Regel von April bis Oktober geöffneten Weinprobierstände, anzutreffen u. a. in Eltville, Erbach, Hattenheim, Martinsthal, Oestrich-Winkel und Kiedrich, werden von einzelnen Winzern bestückt, die zu festen Zeiten ihre Produkte ausschenken. Zu den renommiertesten Winzern im Rheingau gehören u. a. die in Hattenheim ansässigen Weingüter *Barth (www.weingut-barth.de)* und *Balthasar Ress (www.balthasar-ress.de)*, der Martinsthaler Traditionsbetrieb *Diefenhardt (www.diefenhardt.de)*, Georg Breuer aus

Als Aperitif beliebt: „Rheingauer Leichtsinn", ein Perlwein auf Rieslingbasis

Rüdesheim *(www.georg-breuer.com)*, Robert Weil *(www.weingut-robert-weil.com)* aus Kiedrich und *Josef Spreitzer (www.weingut-spreitzer.de)* aus Oestrich-Winkel. Wenn Sie vorhaben, öfters essen zu gehen, kommt der Kauf einer Rabattbroschüre in Betracht: *www.gutscheinbuch.de* bietet Coupons für Wiesbaden (100 Gutscheine, 17,95 Euro) bzw. das Rhein-Taunus-Gebiet (77 Gutscheine, 16,95 Euro). *www.schlemmerblock.de* versammelt jeweils 70 Gutscheine für Restaurants und Freizeiteinrichtungen für Wiesbaden und für das Rheingau-Taunus-Gebiet (je 24,90 Euro).

EINKAUFEN

Typischen Souvenirkitsch findet man im Rheingau eher selten, einmal abgesehen von den Miniaturweingläsern mit vergoldeter Bemalung, den Püppchen in Winzerinnentracht oder der Küferpuppe mit roter Trinkernase, die so manche Besucher aus dem Ausland irritiert betrachten.

ANTIQUITÄTEN

Die regelmäßig veranstalteten Antikmessen sind ein Mekka für Liebhaber antiker Kleinmöbel und historischen Spielzeugs. Daneben locken zahlreiche auf Antiquitäten spezialisierte Geschäfte in Wiesbaden (dort gilt die Taunusstraße als Antiquitätenmeile) sowie in den Dörfern von Rheingau und Taunus. Im Kloster Eberbach sind Schätze für Freunde bibliophiler Kunst erhältlich.

COMICS

„Ich hör der Winzer froh Getümmel, hier ist des Volkes wahrer Himmel, zufrieden jauchzet Groß und Klein, hier bin ich Mensch, hier trink ich Wein" heißt es frei nach Goethe im Kultcomic „Karl" aus dem Rheingau. Die skurrilen, auf historischen Ereignissen beruhenden Begebenheiten erhält man in den Rheingauer Buchhandlungen. Auch zwei englischsprachige Versionen („Spätlese-Rider" und „The Huge Barrel") sowie eine japanische Ausgabe sind erhältlich.

KULINARISCHES

Mit Beginn des Frühlings findet man entlang des Rheins Stände, an denen Ingelheimer Spargel und Erdbeeren aus lokalem Angebot verkauft werden. Eine Delikatesse sind auch die in Frauenstein geernteten Kirschen, die in der Umgebung verkauft werden. Eine Fundgrube für hausgemachte Spezialitäten, z. B. für Marmeladen aus Traubensaft und Maulbeeren, sind besonders die Wochenmärkte. Selbst gemachte Konfitüren werden in vielen Obst- und Gemüseläden angeboten. Das ganze Jahr über kann man im Wispertal frisch über Tannenholz geräucherte Forellen kaufen, eine Delikatesse, die viele gleich an Ort und Stelle verzehren. Einen Besuch lohnt auch der Klosterladen *Dinkel & Likör (www.abtei-st-hildegard.de/klosterladen)* der Benediktinerinnenabtei St. Hildegardis bei Rüdesheim; hier verkaufen die Schwestern 65 verschiedene Dinkelprodukte. Aus dem eigenen Klosterweingut stammen Riesling und Spätburgunder, die Sie auch im

Weingüter und Klosterläden: Neben Wein und Winzersekt locken Spezialitäten fern von industrieller Massenfertigung

angeschlossenen Probierstübchen verkosten können.

SEKT

Neben Frankreich gehört Deutschland zu den weltweit größten Sektproduzenten – und daran hat der Rheingau einen beträchtlichen Anteil. In Eltville begann Matheus Müller 1837 mit der Schaumweinproduktion. Die Auswahl der Grundweine bestimmt maßgeblich die Qualität des Sekts. Ein weiteres Gütekriterium ist die Art der „Sektwerdung", wobei die Flaschengärung, also das sogenannte Champagnerverfahren mit langer Reifung auf der Hefe in der originalen Sektflasche, die anspruchsvollste Form der Herstellung ist. In Rüdesheim produziert seit 1919 die Sektkellerei Ohlig. Aus Riesling, Spät- und Weißburgunder sowie aus Chardonnay entstehen sowohl Cuvées (aus Weinen unterschiedlicher Lagen und Jahrgänge zusammengesetzt) als auch Jahrgangs- und Lagensekte. Auf Edelsek-

te konzentriert sich Schloss Vaux in Eltville. Neben den großen Sektkellereien bieten immer mehr Winzer einen eigenen Rieslingsekt an.

WEIN

Besonders beliebt sind Flaschenweinpräsente der Vinotheken und Weingüter, repräsentativ im Einzel- oder Dreierkarton verpackt. Ein schönes Souvenir sind auch Probiergläser (0,1 l) mit dem Namen des Weinguts. Vinotheken mit großer Auswahl und Gelegenheit zum Probieren finden Sie z. B. in *Eltville (Schmittstr. 2 | www.vinothek-eltville.de), Erbach (Erbacher Str. 31 | www.wein-dekanei.de), Hattenheim (Hauptstr. 25 | www.weinpunkt-vinothek.de)*, im *Kloster Eberbach (www.kloster eberbach.de)* bei Kiedrich, im *Schloss Vollrads (www.schlossvollrads.com)* bei Winkel und in Johannisberg im *Weingut Prinz von Hessen (Im Grund 1 | www.prinz-von-hessen.de)* und im *Schloss Johannisberg (Schlossallee | www.schloss-johannisberg.de)*.

DIE PERFEKTE ROUTE

VON WIESBADEN IN DEN RHEINGAU

Vom Hauptbahnhof in **1** *Wiesbaden* → S. 32 fährt die private Regionalbahn Vias – oft am Rhein entlang – durch den Rheingau nach Koblenz. Nach Stopps in den Wiesbadener Stadtteilen Biebrich (Schloss) und Schierstein (Hafen) bietet **2** *Walluf* → S. 50 bereits einen ruhigen Rheinuferweg, auf dem Sie als Radfahrer mit den Schiffen um die Wette fahren können. Für die Wein-, Sekt- und Rosenstadt **3** *Eltville* → S. 42 sollten Sie einige Stunden reservieren, um Burgen, Weinhöfe und die Altstadt zu erkunden. Das Touristenzentrum des östlichen Rheingaus hat sich besonders fein herausgeputzt und zieht mit seinem hübschen Rheinufer und Weinprobierstand Besucher aus aller Welt an.

WEINDORF UND ZISTERZIENSERKLOSTER

Den leicht ansteigenden Weg nach **4** *Kiedrich* → S. 52 schaffen Sie noch mit dem Fahrrad, auf dessen Marktplatz mit dem historischen Rathaus, der Valentinuskirche und der Michaelskapelle bewegen Sie sich dann zu Fuß weiter. Nach einer Weinprobe bei der Winzergenossenschaft wandern Sie nordwestwärts zum **5** *Kloster Eberbach* → S. 56. Die Besichtigung der weitläufigen Klosteranlage mit Abtei, Höfen, Gärten, Klosterschänke und Klosterladen dauert leicht mehrere Stunden, und zwei Restaurants laden anschließend zum Lunch. Danach geht es südwärts am **6** *Steinbergkeller* → S. 58 vorbei nach **7** *Hattenheim* → S. 51 mit einer alten Burg und einem großartigen Fachwerk-Marktplatz.

EIN ORT, VIER GEMEINDEN

Die aus vier Gemeinden zusammengesetzte Stadt **8** *Oestrich-Winkel* → S. 58 erkennen Sie schon von Weitem an dem am Rheinufer stehenden hölzernen Weinverladekran von Oestrich (Foto o.). In Mittelheim und Winkel sind die Basilika St. Ägidius und das Brentano-Haus historische Anziehungspunkte, und Mittelheim rühmt sich des angeblich ältesten Steinhauses von Deutschland – alt genug ist es jedenfalls allemal. Oestrich-Winkel lockt mit Straußwirtschaften und Gutsschänken. Verdienen Sie sich die Einkehr in diese, indem Sie zunächst eine Wanderung durch die Weinberge zum **9** *Schloss Vollrads* → S. 60 und zur „künstlichen" **10** *Ruine Schwarzenstein* → S. 69 unternehmen!

Erleben Sie die vielfältigen Facetten von Taunus und Rheingau mit Abstechern in kleine Dörfer, große Klöster und zünftige Gutsschänken

BURGEN, SCHLÖSSER UND FACHWERK

Am Ortsrand von Winkel führt eine kleine Straße durch die Weinberge hinauf zum **11** *Schloss Johannisberg → S. 70.* Von dort lohnt sich ein Abstecher zum **12** *Kloster Marienthal → S. 68* – die hier lebenden Franziskaner freuen sich über Besucher. Die Straße führt dann zurück und durch das Wein- und Fachwerkdorf **13** *Johannisberg → S. 69* wieder hinunter an den Rhein in die Lindenstadt **14** *Geisenheim → S. 65.* Die alte B 42 a führt von dort ins benachbarte **15** *Rüdesheim → S. 72,* Ausgangspunkt für Fahrten mit der Seilbahn und dem Schiff: Eine Kabinenbahn schwebt über Weinberge zum **16** *Niederwalddenkmal → S. 72;* nach einer 2-km-Wanderung durch den Niederwald trägt Sie der Sessellift wieder hinunter zum Rhein nach **17** *Assmannshausen → S. 77* (Foto li. u.). Das Schiff bringt Sie dann zurück nach Rüdesheim.

WANDERN UND WELLNESS IM TAUNUS

Wer sich nach der Wein- und Genusstour durch den Rheingau noch ein wenig um seine Gesundheit kümmern will, besucht zum Schluss noch die beiden Heilbäder **18** *Schlangenbad → S. 85* und **19** *Bad Schwalbach → S. 80.* Dazu fahren Sie von Wiesbaden mit dem Bus oder dem PKW auf der Bäderstraße B 260 hinauf ins Taunusgebirge. Beide Orte bieten neben zahlreichen Kur- und Wellnesseinrichtungen und einem entsprechenden Hotelangebot auch ein paar Sehenswürdigkeiten und eine reizvolle Umgebung für Wanderungen in den Wäldern des Taunus.

Insgesamt gut 100 km, davon gut 30 km mit dem Rad. Empfohlene Reisedauer: mindestens vier Tage. Detaillierter Routenverlauf auf dem hinteren Umschlag, im Reiseatlas sowie in der Faltkarte

WIESBADEN

CITY **WOHIN ZUERST?**

Die **Wilhelmstraße (U F1–3)** (🚇 *f1–3*) ist *die* Prachtstraße Wiesbadens mit edlen Geschäften und prächtigen Stadtvillen. Sie erschließt die Innenstadt mit Markt- und Schlossplatz ebenso wie auf der anderen Seite den Kurpark mit Kasino, Staatstheater und Kurhaus. Vom Hauptbahnhof brauchen Sie zu Fuß ca. eine Viertelstunde, mit dem Bus (Linien 1, 8, 47, 170) knapp fünf Minuten. Autofahrer steuern am besten das in der Wilhelmstraße gelegene Parkhaus „Kurhaus/Casino" an – laut ADAC übrigens das beste Parkhaus Deutschlands.

In der hessischen Landeshauptstadt wird gern gezeigt, was man hat. Tatsächlich leben in Wiesbaden, bezogen auf die Bevölkerungszahl, die meisten Millionäre Deutschlands.

Zwischen Rhein und Taunus gelegen, schmiegt sich die elegante Kurstadt in eine Talsenke der südlichen Mittelgebirgsausläufer. Ihr Aufstieg begann mit der Wahl zur Residenzstadt der Nassauer Herzöge im Jahr 1806. Später sorgten vor allem die Hohenzollernkaiser Wilhelm I. und Wilhelm II. dafür, dass sich Wiesbaden zur Weltkulturstadt entwickelte. Das einzigartige Aussehen der Stadt wird maßgeblich durch den Historismus geprägt, eine architektonische Stilrichtung, die die Epoche vom frühen 19. Jh. bis zum Ersten Weltkrieg umspannt. Diese

Bild: Kurhaus Wiesbaden

Historisch, gepflegt, mondän – die hessische Landeshauptstadt beeindruckt viele Besucher mit dem Reichtum und Glanz einer Kurstadt

eklektizistische Stilform erschöpft sich in der Nachahmung früherer Stile, entweder als Neuauflage eines einzelnen oder als Mischung mehrerer Stile. Prächtige Bürgerhäuser und öffentliche Gebäude mit repräsentativen Fassaden sowie klassizistische Villen und Gebäude der Kaiserzeit prägen das Stadtbild. Einzigartig sind auch die ehemaligen Villenviertel des Großbürgertums: 1818 entwarf Christian Zais zwischen Wilhelm-, Taunus-, Röder-, Schwalbacher und Friedrichstraße einen Plan geschlossener Landhausbebauung,

der dann zwei Jahrzehnte später realisiert wurde.

Bereits vor 2000 Jahren blühte hier das Badewesen. An den heißen Quellen von Aquis Mattiacis fanden schon die Römer Erholung und Linderung von Beschwerden. Im Lauf der Jahrhunderte entwickelte sich Wiesbaden dann zur überregional bedeutenden Kurstadt. Zu Zeiten Kaiser Wilhelms gab es an die 250 Badehäuser. Noch heute sprudeln 26 Quellen aus dem Untergrund, die täglich 2 Mio. l bis zu 70 Grad heißes Wasser ergeben.

Im Zentrum der 275 000-Ew.-Stadt liegen die Marktstraße und der Schlossplatz, heute Teil der Fußgängerzone. Das Schloss, Sitz des hessischen Landtags, das Alte Rathaus und die Marktkirche zählen zu den schönsten Bauwerken der Stadt. Die das innere Zentrum nach Osten hin begrenzende Wilhelmstraße verströmt mondänes Flair: In Wiesbadens Prachtstraße finden Sie teure Boutiquen und auf der dem Kurpark zugewandten Straßenseite Kasino, Theater, Tanzschulen, exklusive Verbände und Geschäftsvillen.

SEHENSWERTES

ALTES RATHAUS UND SCHLOSS
(U E2) *(ω e2)*

Am Ende der Marktstraße erhebt sich ein Ensemble historischer Bauwerke: Das ockerfarbene Alte Rathaus präsentiert sich heute im Stil der Gründerzeit, geht in Teilen aber zurück auf das Jahr 1610. Die Reliefs zeigen allegorische Darstellungen der Tugenden Klugheit, Stärke, Mäßigung, Gerechtigkeit und Nächstenliebe. Gegenüber erhebt sich die einstige

Im klassizistischen Schloss von 1842 tagt heute das hessische Landesparlament

Studenten und junge Akademiker schätzen die großzügigen Altbauwohnungen des Rheingauviertels im Westen zwischen 1. und 2. Ring. Ebenso wie im einst als „Katzeloch" verschmähten Bergkirchenviertel im Nordwesten des historischen Fünfecks finden sich hier umfassend restaurierte klassizistische Wohnbauten. Das Westend ist das Kneipenviertel; im sogenannten Bermudadreieck zwischen Taunus-, Röder- und Coulinstraße liegen zahlreiche Bars, Clubs, Restaurants und Kneipen.

Residenz der nassauischen Herzöge und der Hohenzollern, das 1842 im Stil des romantischen Klassizismus errichtete Schloss. Das gewaltige Eckgebäude ist heute Sitz des hessischen Landtags. *Busse: Dern'sches Gelände*

BIEBRICHER SCHLOSS UND
SCHLOSSPARK (118 B4) *(ω H7)*
Der ehemalige Sitz der Fürsten von Nassau, von 1701 bis 1746 als Barockschloss erbaut, leuchtet in auffälligem Rot und

Weiß direkt am Rheinufer. Der im Zweiten Weltkrieg zerstörte Ostflügel wurde 1982 wieder aufgebaut. Heute ist der lang gestreckte, dreiflügelige Schlossbau Sitz verschiedener Behörden und dient der hessischen Landesregierung zu Repräsentationszwecken. Der Öffentlichkeit zugänglich ist der wunderschöne Schlosspark. In den alten Bäumen hat eine Kolonie ausgewilderter Kleinpapageien ihre neue Heimat gefunden. Die im Park liegende Mosburg wurde im 19. Jh. im Zuge der Rheinromantik als künstliche Ruine erbaut. Davor bildet der Mosbach einen kleinen Teich – INSIDER TIPP ein hübscher Ort für ein Picknick. *Frei zugänglich | Zugänge: Am Schlosspark, Am Parkfeld, Mosburgstr. und Rheingaustr. | Bus 9, 14: Schloss Biebrich, 3, 4: Rheinufer*

INSIDER TIPP ERFAHRUNGSFELD DER SINNE (118 A3–4) (🗺 G7)

Kein Museum im herkömmlichen Sinn: Im Kulturdenkmal Schloss Freudenberg befindet sich das „Erfahrungsfeld zur Entfaltung der Sinne". Über fünf Dutzend Stationen laden ein, u. a. dem Fühlen, Tasten und Hören auf den Grund zu gehen. Vor allem für Familien einen Besuch wert! *Mo–Fr 10–18, Sa/So 11–18 Uhr | 13 Euro | Freudenberger Str. 222 | Bus 27: Dotzheim-Mitte, dann 23, 24, 39: Märchenland | www.schlossfreudenberg.de*

FRAUENMUSEUM WIESBADEN

(U C4) (🗺 c4)
Wechselnde Ausstellungen zur Geschichte und Kultur von Frauen in der Gesellschaft. *Mi/Do 10–17, Sa/So 12–17 Uhr | 6 Euro | Wörthstr. 15 | Bus 14, 27, 45: Bismarckring, 6: Adelheidstraße, 1: Ringkirche | www.frauenmuseum-wiesbaden.de*

KOCHBRUNNEN (U E1) (🗺 e1)

15 zusammengefasste Quellen speisen das 66 Grad heiße Wasser, das hier täg-

lich aus der Erde sprudelt. Die Quellen sind ergiebig: Pro Minute fließen 350 l Wasser. In der 1890 eingeweihten Brunnenhalle können Besucher einen Schluck des salzhaltigen Wassers probieren. *Kranzplatz | Bus 1, 8: Kochbrunnen*

MARKTKIRCHE (U E2) (🗺 e2)

Aus roten Ziegelsteinen im neogotischen Stil erbaut, wurde die markante evangelische Hauptkirche 1862 fertiggestellt. Auffällig ist die grazile Höhe des Bauwerks – 98 m streckt sich der Westturm in den Himmel. Bemerkenswert ist vor allem die reiche skulpturale Gestaltung des Chors. Eine Besonderheit ist das aus 49 Bronzeglocken bestehende Carillon, dessen Musik dank einer Automatik mehrmals täglich erklingt. ● Live erleben Sie das Spiel jeden Samstag um 12 Uhr. *Schloss-/Marktplatz | Busse: Dern'sches Gelände*

MARCO POLO HIGHLIGHTS

★ **Nerobergbahn**
Mit der historischen Wasserbahn geht es auf den Wiesbadener Hausberg → S. 36

★ **Russische Kapelle**
Trauriges Ende einer deutsch-russischen Lovestory → S. 36

★ **Kaiser-Friedrich-Therme**
Wellness im Jugendstilbad → S. 39

★ **Spielbank**
„Faites votre jeu" hieß es hier schon für Dostojewski – eine Institution seit 1771 → S. 40

★ **Schwarzer Bock**
Das älteste Hotel Deutschlands → S. 41

MUSEUM WIESBADEN (U F4) (*f4*)

Mit etwa 80 Werken des Expressionisten Alexej von Jawlensky (1864–1941) beherbergt das Haus die weltweit bedeutendste Sammlung des Künstlers. In der Naturwissenschaftlichen Sammlung sind Exponate zur Natur- und Kulturgeschichte Hessens ausgestellt, daneben lockt die Ausstellung Nassauische Altertümer. *Di 10–20, Mi–So 10–17 Uhr | 5 Euro | Friedrich-Ebert-Allee 2 | Busse: Rhein-Main-Hallen | www.museum-wiesbaden.de*

NEROBERGBAHN ★ (118 B2) (*H6*)

Etwa vier Minuten dauert die Fahrt auf Wiesbadens Hausberg: Die Nerobergbahn ist Europas einzige Drahtseil-Zahnstangen-Bahn, die mittels Wasserballast angetrieben wird. 438 m liegen zwischen Tal- und ⚜ Bergstation mit einem Höhenunterschied von 83 m. Ein über 100 m langer Viadukt erstreckt sich in fünf Gewölben über das Nerotal. Ein gewaltiger Wassertank an der Bergstation fasst 370 000 l; je nach Anzahl der zu befördernden Personen wird der Wagen an der Bergstation mit Wasser betankt. Während er nach unten fährt, zieht er den anderen Wagen nach oben. An der Talstation angelangt, wird das Wasser abgelassen und wieder auf den Neroberg gepumpt. Eine kleine Wanderung (2,7 km) durch den Waldabhang führt zurück zur Talstation. *April und Sept./Okt. Mo–Fr 11–19, Sa/So 10–19, Mai–Aug. tgl. 9–20 Uhr | 2,50 Euro, hin und zurück 3,30 Euro | Bus 1: Nerotal | www.nerobergbahn.de*

RINGKIRCHE (U C4) (*c4*)

Die neben der Marktkirche zweite große evangelische Kirche wurde 1877 an frühgotischen Formen orientiert in hellem Sandstein errichtet. Rund ums Jahr finden Ausstellungen, Konzerte und Vorträge in der Kirche statt. *Kaiser-Friedrich-Ring/Rheinstr. | Bus 1: Ringkirche | www.ringkirche.de*

RUSSISCHE KIRCHE ★ ⚜ (118 B2) (*H6*)

An prominenter Stelle hoch über der Stadt ließ Herzog Adolph für seine Gattin Elisabeth Michailovna diese Kapelle errichten: Die Tochter eines russischen Großfürsten war bei der Geburt ihres ersten Kindes mit nur 19 Jahren gestorben. Weithin sichtbar leuchten die fünf goldenen Kuppeln der Grabeskirche über dem Neroberg. Fast sechs Jahre (1849–1855) dauerte die Errichtung der Kapelle im russisch-byzantinischen Stil. Im Kircheninneren ist die reiche Marmorverkleidung auffällig. *April–Okt. tgl. 10–17, Nov.–März Sa 12–16, So 10–16 Uhr | 1 Euro | Neroberg | Bus 1: Nerotal, dann Nerobergbahn*

THERMINE (U E2) (*e2*)

Die kleine Stadtbahn mit zwei Wagen (gepolsterte Bänke und Luftfederung) für 50 Personen bietet Rundfahrten im historischen Zentrum zu den bedeutenden Sehenswürdigkeiten. Die Rundfahrt dauert 60 Minuten und kann beliebig oft unterbrochen werden, da das Ticket einen Tag lang gültig ist. Thermine-Chef und -Chauffeur Andreas P. Wagner hat einen spannenden Wiesbaden-Kinder-Krimi geschrieben („Thermine und das verschwundene Bild", erhältlich in der Touristeninformation). *April–Okt. tgl., Nov. Sa/So 10, 11, 12, 13.30, 14.30, 15.30, 16.30 Uhr | 6,50 Euro | Abfahrt am Marktplatz beim Café Lumen | Busse: Dern'sches Gelände | www.thermine.de*

CAFÉ ALEX (U E2) (*e2*)

Bar, Restaurant, Café mit 300 Plätzen auf zwei Etagen und großer Terrasse. *Mo–Do*

8–1, Fr/Sa 8–3, So 9–1 Uhr | Langgasse 38 | Tel. 0611 3 41 27 40 | Bus 1, 8: Webergasse | www.alexgastro.de | €

CAFÉ KLATSCH (U B4) (*b4*)

Das Café wird von einem linken Kollektiv in Selbstverwaltung betrieben und bietet am Wochenende ein INSIDER TIPP **beliebtes Frühstücksbuffet.** *Di–Fr 12–1, Sa/So 10–1, Mo 20–24 Uhr | Marcobrunner Str. 9 | Tel. 0611 44 02 66 | Bus 1: Ringkirche, 4, 27: Dreiweidenstraße | www.cafeklatsch-wiesbaden.de | €*

INSIDER TIPP DOMÄNE MECHTILDSHAUSEN (119 D4–5) (*J7*)

Hoch gelobte Ökogourmetküche in einem Hofgut. Aus eigenem ökologischem Anbau stammen Obst, Gemüse und Kräuter, aus eigener Zucht das Geflügel sowie Filets und Braten. Im Hofladen werden die Domänenerzeugnisse stilvoll vermarktet. 530 Arbeits- und Ausbildungsplätze auch für lernbehinderte Jugendliche und schwer vermittelbare Erwachsene werden unterhalten. Im *Café Bohne (tgl. 8–20 Uhr)* gibts Kaffee und Kuchen, in der *Weinstube (tgl. 12–20 Uhr)* auch kleine Gerichte. *So-Abend und Mo geschl. | An der Airbase (Erbenheim) | Tel. 0611 7 37 46 60 | www.mechtildshausen.de | Bus 28: Domäne Mechtildshausen | €€*

ENTE WIESBADEN (U F2) (*f2*)

Auf zwei Etagen bietet der neue Küchenchef roh marinierten Thunfisch in Tomatengelee und natürlich Enten: Brust und Keule. *So/Mo geschl. | Kaiser-Friedrich-Platz 3–4 | Tel. 0611 13 36 66 | Bus 1, 8, 16: Kurhaus | www.nassauer-hof.com | €€€*

GOLDGASSE (U E2) (*e2*)

Little Italy: In der Goldgasse in der Fußgängerzone finden Sie zahlreiche italienische Restaurants, bei denen Sie zudem auch in der kühleren Jahreszeit – gut

gewärmt – im Freien essen können. *Bus 1, 8: Webergasse*

KÄFER'S (U F1) (*f1*)

Wiesbadens Ruf einer weltgewandten Kurstadt entspricht das im Pariser Bras-

Am Neroberg leuchten die goldenen Kuppeln der Russischen Kirche

seriestil ausgestattete Bistro mit Pianospieler in bester Kurhauslage. Das Publikum freut sich über edle, bodenständige Küche und den Biergarten im Sommer. *Tgl. | Kurhausplatz 1 | Tel. 0611 53 62 00 | Bus 1, 8, 16: Kurhaus | www.kurhaus-gastronomie.de | €€€*

LUMEN (U E2) (*e2*)

Bereits im zeitigen Frühjahr trifft man sich zum Sonntagsbrunch auf der Außenterrasse am Marktplatz. Das moderne, mit viel Glas gestaltete Caférestaurant bietet aber auch drinnen eine luftige Atmosphäre. Mehrere Frühstücke und Kaffeespezialitäten, dazu leichte Bistroküche und eine große Auswahl an Cocktails. Wickeltische und eine Spielecke für die Kleinen erfreuen Familien. *Tgl. | Marktplatz | Tel. 0611 30 02 00 | Busse: Dern'sches Gelände | www.lumen-wiesbaden.de |* €€

fangreiche Weinkarte, Cocktails und coole Atmosphäre: die Lieblingsadresse junger, trendiger Wiesbadener. Anschließend lockt ein Kneipenbummel im nur wenige Schritte entfernten Bermudadreieck. *Tgl. |*

Die Terrasse des Cafés Lumen am Marktplatz ist der Treffpunkt schlechthin

MALDANER CAFÉ ● (U E2) (*e2*)

Die gediegene Atmosphäre erinnert an ein Wiener Kaffeehaus. Das bunt gemischte Publikum schätzt die köstlichen Patisserien. Im Sommer kann man auch draußen sitzen, im Winter finden Konzerte, Lesungen u. Ä. statt. Preiswerter Mittagstisch. *Abends geschl. | Marktstr. 34 | Tel. 0611 30 52 14 | Busse: Dern'sches Gelände | www.cafe-maldaner.de |* €€

PALAST HOTEL (U E1) (*e1*)

Auf die Jahreszeit abgestimmte (Bistro-)Gerichte und köstliche Desserts, eine um-

Kranzplatz 5–6 | Tel. 0611 9 59 99 47 | Bus 1, 8, 16: Kurhaus | www.palast-hotel.info | €€

SCHÜTZENHOF (118 B4) (*H7*)

Forelle Müllerin, Wildgulasch mit Kartoffelklößen – in dem beliebten Restaurant kommt gutbürgerliche deutsche Küche auf den Tisch. Auch die Preise sind angenehm bodenständig. Ideal für den Lunch nach der Besichtigung im Biebricher Schloss. *Di geschl. | Am Schlosspark 45 | Tel. 0611 6 69 20 | Bus 4, 14: Armenruhstraße | www.schuetzenhof-wiesbaden.de |* €€

INSIDER TIPP ▶ DA ZIO NICOLA
(U A2) (*a2*)

Für viele gibt es hier die beste Pizza der Stadt, mit knusprigem, hauchdünnem

Teig und frischen Zutaten in wenigen Minuten im Pizzaofen gebacken. Daneben locken weitere Klassiker der italienischen Küche – allesamt preiswert und von hoher Qualität. Im Sommer sitzt man auch nett im Freien, an Wochenenden sollte reserviert werden. *Mo geschl. | Lothringer Str. 34 | Tel. 0611 4502538 | Bus 14: Gneisenaustraße | www.dazionicola.de | €–€€*

EINKAUFEN

INSIDER TIPP ▶ BERGKÄSE-STATION ♻
(U B4) *(⊞ b4)*
Der Käse stammt vom Bruder des Inhabers, einem Käsemeister im Allgäu. Die Weichkäse sind biozertifiziert und kommen frisch und ohne Zwischenhandel in den Laden. *Mo–Do 17–20, Fr 10–20, Sa 10–18 Uhr | Dotzheimer Str. 88 | Bus 4, 17, 23, 24, 27: Kleinfeldchen*

BURRESI **(U F2)** *(⊞ f2)*
Schuhe von Tod's, Jacken und Kostüme von Giorgio Armani und Jil Sander – ein schönes, nicht zu großes Angebot in zwei nebeneinanderliegenden Läden in Wiesbadens Prachtstraße. *Wilhelmstr. 28 und 34–36 | Bus 1, 8, 16: Friedrichstraße | www.burresi.de*

CONFISERIE KUNDER **(U F3)** *(⊞ f3)*
Ananas und Marzipan gehören in die original Wiesbadener Törtchen, die die alteingesessene Confiserie in Handarbeit herstellt. Sehenswert ist auch das Bauwerk, in dem das Café untergebracht ist: Es verkörpert die wilhelminische Epoche des Historismus. *Wilhelmstr. 12 | Bus 1, 8, 16: Friedrichstraße | www.kunder-confiserie.de*

TRÜFFEL-HAUS **(U E1)** *(⊞ e1)*
Wiesbadens renommierte Feinkostadresse mit einem exquisiten Sortiment an Käse, Schinken, Wurst, Pralinen, Marmeladen und Frischeprodukten. Im angeschlossenen Cafébistro kann man aus der Tageskarte ordern oder sich an der Kuchentheke bedienen. *Webergasse 6–8 | Bus 1, 8: Webergasse | www.trueffel.net*

FREIZEIT & SPORT

KAISER-FRIEDRICH-THERME ★ ●
(U E2) *(⊞ e2)*
Mosaiken, Malereien, Reliefs und Ornamente schmücken das denkmalgeschützte irisch-römische Bad. Saunagäste beginnen im Tepidarium (40–45 Grad), nach dem um 10 Grad wärmeren Sudatorium folgt die Abkühlung im historischen, von Bögen umgebenen Kaltwasserbecken. Das Thermalsitzbecken wird von der 66 Grad heißen Adlerquelle gespeist. *Tgl. 10–22 Uhr, Di Damentag | 4,50, Winter 6 Euro/Std. | Langgasse 38–40 | Bus 1, 8: Webergasse | www.wiesbaden.de/baeder*

INSIDER TIPP ▶ OPELBAD ● ☀
(118 B2) *(⊞ H6)*
Das 1933 im Bauhausstil gebaute Freibad auf dem Neroberg bietet einen grandiosen Blick – besonders schön im *Opelbad-Restaurant*. *Mai–Sept. tgl. 7–20 (Restaurant 11–23) Uhr | 8,50 Euro | Auf dem Neroberg 2 | Bus 1: Nerotal, dann Nerobergbahn | www.wiesbaden.de/baeder*

AM ABEND

JAMES JOYCE **(U F1)** *(⊞ f1)*
James Joyce war 1930 zur Behandlung seines Augenleidens in einer Klinik in Wiesbaden. Nahebei bietet dieser Irish Pub Livemusik und Kaminzimmer sowie eine Sonnenterrasse mit Theater- und Kasinoblick. *Mo–Fr ab 17, Sa/So ab 11 Uhr | Sonnenberger Str. 14 | Bus 1, 8, 16: Kurhaus*

INSIDER TIPP SCHLACHTHOF
(U F6) (*m f6*)

Rock, Livemusik, Events, internationale Bands. Am ersten Samstag im Monat Flohmarkt; preiswertes Frühstücksbuffet. *Gartenfeldstr. 57 | Busse: Hauptbahnhof | www.schlachthof-wiesbaden.de*

SHERRY & PORT (U E5) (*m e5*)
Neben dem üblichen Angebot an Weinen und Bieren stehen hier fünf Dutzend Sherrysorten und 30 Malt Whiskys zur Auswahl, dazu Tapas und täglich wechselnde kleine Gerichte. Das nicht mehr ganz junge Stammpublikum schätzt die Folk- und Jazzabende mit Livemusik. *Tgl. 12–24 Uhr | Adolfsallee 11 | Busse: Geschwister-Stock-Platz | www.sherry-und-port.de*

LOW BUDG€T

▶ Die von der Stadt subventionierte *Filmbühne Caligari (Marktplatz 9 | Tel. Programmansage 0611 31 50 50 | Busse: Friedrichstraße oder Dern'sches Gelände | www.wiesbaden.de/caligari)* hinter der Marktkirche ist nicht nur Wiesbadens schönstes, sondern auch billigstes (5,50 Euro) Kino.

▶ Von März bis Oktober findet jeden dritten Samstag im Monat vor dem *Biebricher Schloss (Bus 9, 14: Schloss Biebrich, 3, 4: Rheinufer)* ein *Flohmarkt* statt, auf dem Antiquitätenfans das ein oder andere Schnäppchen finden können.

▶ Im Juli findet in den Reisinger Anlagen beim Hauptbahnhof das ● *Open Air Film (Do–Sa, Filmbeginn 21.30 Uhr)* statt. Der Eintritt ist frei!

SPIELBANK ★ ● (U F2) (*m f2*)
Unter großen Kronleuchtern und stuckverzierten Decken wird Roulette, Black Jack, Poker und an Automaten gespielt. Personalausweis (Mindestalter 18 Jahre), Kleiderordnung. *Tgl. außer Karfreitag, 1. Mai, Fronleichnam, Volkstrauertag, Totensonntag, 24. und 25. Dez. 13–4 Uhr | Kurhausplatz 1 | Bus 1, 8, 16: Kurhaus | www.spielbank-wiesbaden.de*

THALHAUS (118 B2) (*m H6*)
Kabarett, Theater, Jazz, Lesungen etc. – ein Treffpunkt der Wiesbadener Kulturszene. Mit Bistro und Bar *Café Löwenherz. Mi–So 18.30–24 Uhr | Nerotal 18 | Bus 1: Nerobergstraße | www.thalhaus.de*

ÜBERNACHTEN

HOTEL DE FRANCE (U E1) (*m e1*)
Hier stimmt alles: Das Hotel, untergebracht in einem der für Wiesbaden typischen Häuser im klassizistischen Stil, liegt zentral zu Geschäften und Restaurants, die Zimmer sind ansprechend gestaltet. Obendrein gibt es einen bezaubernden Innenhof zum Sonnen. *37 Zi. | Taunusstr. 49 | Tel. 0611 95 97 30 | Bus 1: Taunusstraße | www.hoteldefrance.de | €€*

JÄGERHOF (U E3) (*m e3*)
Eine der wenigen günstigen Adresse in zentraler Lage, kürzlich renoviert. In der Umgebung liegen zahlreiche Restaurants und Kneipen. Reichhaltiges Frühstück. *14 Zi. | Bahnhofstr. 6 | Tel. 0611 30 27 97 | Bus 16, 18: Luisenplatz, 4, 8, 12, 14: Rheinstraße | www.jaegerhof-wiesbaden.de | €*

KLEMM (U E1) (*m e1*)
Gepflegtes, charmantes Haus im Jugendstil, moderne Zimmer, Nähe Zentrum und Kurhaus. *63 Zi. | Kapellenstr. 9 | Tel. 0611 58 20 | Bus 1, 8: Kranzplatz | www.hotel-klemm.de | €€*

LANDHAUS DIEDERT

(118 B2–3) (∭ H6–7)

Ideal für ein stilvolles Wochenende im Grünen: Das von einem Platanengarten umgebene Landhaus mit südfranzösisch inspiriertem Dekor bietet behagliche, individuell gestaltete Zimmer. Wiesbaden und der Rheingau liegen nur wenige Autominuten entfernt. Angesichts des Gebotenen sehr günstig. *16 Zi. | Am Kloster Klarenthal 9 | Tel. 0611 18 46 600 | Bus 14, 17, 33: Kloster Klarenthal | www.land haus-diedert.de | €€*

MOTEL ONE (U E6) (∭ e6)

Rotklinkerbau im Bauhausstil neben dem Einkaufszentrum Liliencarré. Edel-cooles Foyer mit offenem Gaskamin, kleine, doch gut gestaltete Zimmer. *186 Zi. | Kaiser-Friedrich-Ring 81 | Tel. 0611 4 50 20 80 | Busse: Hauptbahnhof | www.motel-one. com | €–€€*

NASSAUER HOF (U F2) (∭ f2)

Die Wiesbadener Adresse, ein Grandhotel alten Stils, hervorragend geschultes Personal, gediegener Luxus, Schwimmbad mit eigener Thermalquelle. Mit der *Ente* eines der besten Restaurants nebenan, dazu die stilvoll-moderne *Orangerie*. Im Sommer die Brunchlocation schlechthin. *186 Zi. | Kaiser-Friedrich-Platz 3–4 | Tel. 0611 13 30 | Bus 1, 8, 16: Kurhaus | www.nassauerhof.de | €€€*

RING HOTEL (U C3) (∭ c3)

Renoviertes und neu eingerichtetes, 100 Jahre altes Haus im lebhaften Multikulti-Westend. *30 Zi. | Bleichstr. 29 | Tel. 0611 9 49 02 77 | Bus 1: Bleichstraße | www.ring-hotel.net | €*

SCHWARZER BOCK ⭐ (U E1) (∭ e1)

Das traditionsreiche und elegante Haus, das heute zur Radisson-Blu-Kette gehört, ist Deutschlands ältestes Hotel. Im Gründungsjahr 1486 hatte Wiesbaden 36 Ew. Besonders schön das Badhaus mit Thermalbecken, Sauna, Solarium und der Möglichkeit, exzellente Kuranwendungen zu genießen. Die *Bar 1486* gehört zu den elegantesten Wiesbadens. Romantischer Atriumgarten. *142 Zi. | Kranzplatz 12 | Tel. 0611 15 50 | Bus 1, 8: Webergasse | www.radissonblu.com | €€€*

AUSKUNFT

WIESBADEN TOURIST INFORMATION

(U E3) (∭ e3)

Marktplatz 1 | Tel. 0611 1 72 99 30 | Busse: Dern'sches Gelände | www.wiesba den.de

ZIELE IN DER UMGEBUNG

FRAUENSTEIN (117 E4) (∭ G7)

Umgeben von Obstplantagen und Weinbergen liegt wenige Kilometer westlich der Stadtteil Frauenstein (2500 Ew.). Im April und Mai schmücken Tausende weiß blühende Kirschbäume die Hänge. Historische Gutshöfe wie der *Hof Nürnberg (Zum Nürnberger Hof)* und der *Schönbornsche Hof (Kirschblütenstr.)* belegen die jahrhundertealte Bedeutung des Weinbaus für die Ortschaft.

SCHIERSTEIN (118 A4) (∭ G7)

Großer Beliebtheit erfreut sich das alljährlich im Sommer gefeierte Schiersteiner Hafenfest, bei dem sich die Stände am Fluss entlangziehen. Ganzjährig beherbergt der Ort eine **INSIDER TIPP** Storchenkolonie. Die Weißstörche brüten auf künstlich geschaffenen Nestern und Hochspannungsmasten des Wasserschutzgebiets. Ein Rad- und Spazierweg am Hochwasserschutzdamm zwischen Schierstein und Walluf bietet gute Möglichkeiten, die Tiere zu beobachten. *Bus 9, 23: Hafen*

ÖSTLICHER RHEINGAU

Wein(bau) prägt den Alltag im östlichen, vorderen Rheingau. Jedes Dorf kennt eigene, renommierte Weinbergslagen. In traditionsreichen Weingütern werden deren Weine verarbeitet und teilweise auch ausgeschenkt.

In Walluf und Eltville lässt es sich wunderbar am Strom flanieren, denn hier verläuft die Bundesstraße nicht unmittelbar am Rhein. So konnten sich gepflegte Promenaden am Rheinufer ausbilden.

ELTVILLE

(117 D5) (🗺 G8) Verwinkelte Kopfsteinpflastergassen, farbenfrohe Fachwerkhäuser mit üppigem Blumenschmuck, repräsentative Adelshöfe und prunkvol- le Patrizierhäuser: Eltville (19 000 Ew.) bezaubert als intakte Kleinstadt.

Schon Thomas Mann schätzte den Ort und verlieh der Romanfigur Felix Krull die Identität eines Eltviller Sektfabrikantensohns. Das Städtchen kann sich mit vier Attributen schmücken: Wein-, Sekt-, Rosen- und Fachwerkstadt. Tatsächlich blühen mehr als 20 000 Rosenstöcke in 350 Sorten in Eltville, die meisten Anfang Juni im Bereich der Kurfürstlichen Burg. Während der jährlichen Eltviller Rosentage am ersten Wochenende im Juni dreht sich alles um die Blumen.

Und apropos Sekt: Küfer Matheus Müller gründete 1811 eine Weinhandlung und ließ ab 1837 Weine zu spritzigen Cuvées reifen, der Anfang einer einzigartigen Erfolgsstory. Beim Sektfest im Juli dreht

Bild: Kloster Eberbach

Romantik und Rheinpromenaden: Berühmte Weinlagen ziehen sich über die zauberhaften Hügel rund um Eltville und Oestrich-Winkel

sich alles um das Luxusgetränk, schenken die Rheingauer Sektproduzenten am Ufer des Rheins aus. Und was würde als Abschluss des dreitägigen Fests besser passen als ein großartiges Feuerwerk? Nach Einbruch der Dunkelheit versammeln sich Zigtausende von Besuchern am Wasser, um zu sehen, wie von der im Rhein liegenden Au die Lichterkaskaden in den Himmel schießen.

Funde belegen, dass an der Stelle des heutigen Orts bereits im 5. Jh. eine fränkische Siedlung bestand. Im Mittelalter war Eltville von überragender Bedeutung. Der Aufstieg der Stadt wurde geprägt durch die kurfürstliche Burg, die fast 150 Jahre lang Sitz der Mainzer Kurfürsten war. 1332 erhielt Eltville das Stadtrecht zuerkannt und ist damit die älteste Stadt im Rheingau.

SEHENSWERTES

BURG CRASS

Die kleine, im romanisch-gotischen Stil ab 1496 als Wohnsitz erbaute Burg blickt auf den Rhein. Das älteste Bauwerk Eltvilles liegt außerhalb der Stadtmauern. Sowohl das Burghaus als auch der Turm und Anbau wurden spätgotisch umgebaut und ab 1840 neugotisch modifiziert. Heute beherbergt das Bauwerk ein edles Restaurant und ein kleines Hotel. *Freygässchen 1 | www.burgcrass-eltville.de*

Rhein hin abschließenden Stadtmauer, erhebt sich der viergeschossige Turm der Burg, an seinen Seiten mit Türmchen geschmückt. Im zweiten Stock, im sogenannten Grafensaal, befindet sich eine *Gutenberg-Gedenkstätte*. Hier wurde Johannes von Gensfleisch Gutenberg 1465 zum Hofedelmann ernannt. Der 1404 in

Efeuumranktes Rheingauidyll: ein Winzerhof in der Altstadt von Eltville

FACHWERK
Vom Marktplatz aus, wo ab dem zeitigen Frühling Restaurants ihre Tische eingedeckt haben, führen die kopfsteingepflasterte Martinsgasse und die Rosengasse zur Rheinpromenade, vorbei an eindrucksvollen Höfen und Fachwerkhäusern. Wendet man sich in der Rosengasse bei der Pfarrkirche nach links, dann liegen in der Ellenbogengasse und der Burghofstraße weitere höchst reizvolle Ensembles von Fachwerkhäusern.

KURFÜRSTLICHE BURG ●
Auf alten Stichen ist sie in ganzer Schönheit zu sehen: Umgeben von einer zum

Mainz geborene Gutenberg ging in Eltville zur Schule. Im kleinen *Museum* sind Exponate zur frühen Buchdruckkunst ausgestellt. *Außenanlagen April–Mitte Okt. tgl. 9.30–19, Mitte Okt.–März 10.30–17 Uhr, Burgturm mit Historischer Sammlung, Gutenbergausstellung und Druckwerkstatt April–Okt. Sa/So 11–18, Fr 14–18 Uhr | 2 Euro*

PFARRKIRCHE ST. PETER UND PAUL
Das zwischen 1350 und 1440 erbaute Gotteshaus im zweischiffigen Hallenstil verkörpert eindrucksvoll ästhetisch die schlichte spätgotische Bauweise. Ein architektonischer Stilbruch ist hingegen die barocke Haube des Kirchturms, die Ende

des 17. Jhs. anstelle der durch ein Feuer zerstörten früheren aufgesetzt wurde. Wand- und Gewölbemalereien im Inneren stammen aus dem frühen 15. und 16. Jh., während ein kostbares achtseitiges Taufbecken um 1517 in der Mainzer Werkstatt von Hans Backoffen hergestellt wurde. Es zeigt bereits den zunehmenden Einfluss der Renaissance. *Rosengasse*

RHEINPROMENADE ⭐

Von besonderer Schönheit ist die Rheinfront in Eltville: von Platanen beschattete Kieswege und Bänke, Adelshöfe und Überreste der alten Stadtmauer. Vom Marktplatz führen die kopfsteingepflasterte Martinsgasse und die Rosengasse zur Promenade, vorbei an eindrucksvollen Höfen und Fachwerkhäusern.

STADTMAUER

Im Mittelalter war Eltville Residenz der Mainzer Kurfürsten und von einer mehrere Kilometer langen Stadtmauer umgeben; sie enthielt Wohntürme, Tore und Wachtürme. Die Mauer erstreckte sich von der Kurfürstlichen Burg zum Sebastiansturm am Rheinufer (heute noch erhalten), über das Betriebsgelände der Sektkellerei Matheus Müller zum Kiliansring und weiter über die Gutenbergstraße zur Burg. Überbleibsel der aus kleineren Bruchsteinen gebildeten Mauer sind am Kiliansring zu sehen.

STOCKHEIMER HOF

Der gotische Bau aus dem 14. Jh. gehört zum Ensemble des im Rheingau als Langwerther Hof bekannten Gebäudekomplexes. Er ist seit Mitte des 15. Jhs. in Familienbesitz und somit eines der ältesten Weingüter im Rheingau. *Kirchgasse*

WEINGUT KOEGLER

Nur 15 Jahre nach dem Erscheinen der Gutenberg-Bibel wurde im Hof Bechtermünz (heute Sitz des Weinguts Koegler) das „Vocabularius ex quo" hergestellt, das erste gedruckte Wörterbuch für Deutsch–Lateinisch. Herausgeber waren die Brüder Heinrich und Nicolaus Bechtermünz, Söhne einer begüterten Mainzer Familie. Ihr Werk (das eventuell mit Gutenbergs Hilfe verfasst wurde) avancierte zum Bestseller des Mittelalters, da es Hilfe bei der Lektüre und dem Studium

MARCO POLO HIGHLIGHTS

⭐ **Rheinpromenade Eltville**
Flanieren unter Platanen → S. 45

⭐ **Schloss Reinhartshausen in Erbach**
Das Prachthotel am Rhein bietet Ausflüge zur eigenen Flussinsel, der Mariannenaue, mit ihrem kleinen Auwald → S. 49

⭐ **Marktplatz in Hattenheim**
Prächtiges Fachwerkensemble → S. 51

⭐ **Pfarrkirche St. Valentinus in Kiedrich**
Die älteste spielbare Orgel des Landes → S. 54

⭐ **Kloster Eberbach**
Ein kunsthistorisches Juwel ist das ehemalige Zisterzienserkloster bei Kiedrich → S. 56

⭐ **Brentano-Haus in Oestrich-Winkel**
Treffpunkt bedeutender Dichter und Denker am Rhein → S. 59

⭐ **Schloss Vollrads**
Ein Wasserschloss thront in den Weinbergen von Oestrich-Winkel → S. 60

der lateinischen Bibel bot und deutlich preiswerter war als handgeschriebene Wörterbücher. Das Weingut betreibt in den historischen Gebäuden ein Hotel und ein Restaurant. *Kirchgasse 5 | www.weingut-koegler.de*

ESSEN & TRINKEN

INSIDER TIPP ▶ ANLEGER 511 ☺

Bestellt wird in der unter Denkmalschutz stehenden ehemaligen Schalterhalle für die Rheinschifffahrt, serviert dann auf der ❄ Gartenterrasse direkt am Rhein. Unprätentiöses, schickes Ambiente, neue deutsche Küche und Fusion Food mit Zutaten aus ökologischem Anbau – ein Klassiker ist die Bratwurst, die ohne künstliche Zusätze auskommt. Freundliches, engagiertes Serviceteam. *Platz von Montrichard 2 | Tel. 06123 68 91 68 | www.anleger511.de | €*

BURGSTUBEN

Die historische Burg Crass leuchtet weithin sichtbar in einem dunklen Pastellrot. Das Bauwerk wurde aufwendig restauriert und ergänzt um einen zeitgenössischen Wintergarten, in dem heute eine Vinothek untergebracht ist. Im *Restaurant Vaux* und in der *Vinothek 510,8* wird in edel gestyltem Rahmen leichte Küche serviert. Auf einen Kaffee oder Wein trifft man sich auf der von Platanen beschatteten Terrasse nur ein paar Schritte vom Rhein. *Tgl. | Freygässchen 1 | Tel. 06123 97 51 10 | www.burgcrass-eltville.de | €€€*

ELTVILLER ROSENSTÜBCHEN

Behagliches Bistro in der Eltviller Altstadt, umgeben von Fachwerkhäusern, mit dem Ambiente eines historischen Kolonialwarenladens. Bei schönem Wetter werden die lokalen Spezialitäten, Salate und kleineren Gerichte auch auf der Kopfsteinpflasterterrasse serviert. *Tgl. |*
Schwalbacher Str. 7 | Tel. 06123 79 33 50 | www.eltviller-rosenstuebchen.de | €€

INSIDER TIPP ▶ ELTVINUM ●

Restaurant, Hotel, Vinothek und Kultur in einem Haus aus dem Jahr 1513. Das Restaurant mit seiner bunt gemischten Karte ist bei den Eltvillern ein Lieblingstreff, auch wegen des edel-schlichten Ambiente. Die Vinothek *(Mi–Mo 10–22 Uhr)* bietet eine Auswahl der besten Weingüter der Region. *Di geschl. | Schmittstr. 2 | Tel. 06123 6 01 78 12 | www.eltvinum.de | €€*

GELBES HAUS

Das leuchtende Gelbe Haus war das erste Projekt der Eltviller Altstadtsanierung, bereits Mitte der Siebzigerjahre wurde der aus dem 17. Jh. stammende Gutsausschank, Bestandteil des historischen Ensembles Langwerther Hof, restauriert. Regionale, bodenständige Gerichte der Saison, Salate und die Weine des Hausherrn erfreuen die Gäste. *Okt.–April Mo und außer So mittags geschl. | Burgstr. 3 | Tel. 06123 51 70 | www.weinstube-gelbeshaus.de | €€*

INSIDER TIPP ▶ OSTERIA PICCOLO MONDO

Hausgemachte Pastaspezialitäten, Edelfisch und Austern, Risotto und Kalbsgerichte stehen auf der Speisekarte. Außerdem haben Sie die Auswahl unter einer Hand voll Spezialitäten des Tages, notiert auf einer Schiefertafel. Köstlich und oft voll, deshalb vor allem am Wochenende reservieren! *Mo geschl. | Schmittstr. 1 | Tel. 06123 21 24 | www.osteria-piccolomondo.de | €€*

WEINPUMP

Am Kachelofen, im Kaminzimmer, in der Jägerstube oder im Innenhof: Das eher betulich wirkende Restaurant (deftige deutsche Küche) ist ein Klassiker im Rheingau. *Mo/Di geschl. | Rheingauer Str.*

Auf der Terrasse der Burg Crass trifft man sich auf einen Kaffee oder Wein

3 | Tel. 06123 79 54 49 | www.zur-wein pump-eltville.de | €€

EINKAUFEN

GOLDSCHMIEDE

Goldschmiedemeisterin Claudia Hedderich fertigt zauberhaften Unikatschmuck; auch Umarbeitungen werden mit Sachkenntnis und künstlerischem Einfühlungsvermögen getätigt. *Gutenbergstr. 10*

INSIDER TIPP ▶ KHANGAI

Qualitäts- statt Massenware sind die Pullover, Schals und Jacken aus Kaschmir-, Yak- und Kamelwolle, die die jungen Inhaber direkt aus ihrer mongolischen Heimat in die Fußgängerzone der Altstadt importieren. *Marktstr. 4*

ORTWEIN'S

Regionale kulinarische Spezialitäten, japanische Tees, Zutaten der Mittelmeerküche, dazu farbenfrohe Dekoartikel und englisches Geschirr – das alles in einer zum Geldausgeben verführenden Schatzkästchenstimmung. *Schwalbacher Str. 16 a | www.ortweins-coffee-tea-and-more.de*

FREIZEIT & SPORT

MASSAGEN ●

Öl- und Kräuterstempelmassagen ebenso wie original Thaimassagen. Je nach Kapazität auch Soforttermine. *Di–Fr 10–19, Sa 10–17 Uhr | 45 Min. ab 35 Euro | Rheingauer Str. 33 | Tel. 06123 7 99 35 35 | www.thaimassage-eltville.de*

SCHIFFSFAHRTEN

Sonntägliche Fahrten (13.30 und 15.30 Uhr) rund um die Mariannenaue bei Erbach veranstaltet von Ostern bis September *Charterliner van de Lücht (Tel. 06723 44 37 | 10 Euro | www.charterliner.de).* Fahrten nach Rüdesheim und zurück bietet die *Primus-Linie (Mai–Okt. Mo, Mi, Sa 12.30 Uhr | Anlegestelle nahe Burg Crass | 20,40 Euro | www.primus-linie.de)*. Die *Köln-Düsseldorfer (Tel. 06722 38 08 | www.k-d.com)* fährt von Eltville mit Stopp in vielen Häfen bis Koblenz.

AM ABEND

WEINPROBIERSTAND ●

Weine aus Eltviller Lagen, günstig und ideal zum Kennenlernen. Reizvoll ist die Lage am Rheinufer. *April–Sept. Mo–Fr 18–22, Sa/So 10–22 Uhr | Rheinpromenade*

ÜBERNACHTEN

INSIDER TIPP ALTSTADT-FERIENWOHNUNGEN

Über den Dächern der Stadt: Der Eltviller Fotograf Stephan Müller gestaltete die oberen Stockwerke seines historischen Fachwerkhauses jung, frisch und mit hoher Qualität. Besonders schön ist die Wohnung mit Rheinblick und Kaminofen. Außerhalb der Saison ist auch tageweise Vermietung möglich. *3 Wohnungen | Am Markt 2 | Tel. 06123 55 58 | www.altstadtferienwohnung.de | €*

HOF-HOTEL BECHTERMÜNZ

Schiefer, Glas und Holz, Wände aus Bruchstein und modernes Interieur passen gut zusammen – in der historischen Scheune des Hofs Bechtermünz wurde ein kleines, feines Designhotel geschaffen, das bereits zahlreiche Liebhaber gefunden hat. Dazu: Internetanschluss in den Zimmern, moderne Flachbildfernseher und puristisch gestaltete Bäder. *10 Zi. | Kirchgasse 5 | Tel. 06123 24 37 | www.weingut-koegler.de | €€*

BURG CRASS

Edles Ambiente hinter historischen Mauern. Dazu gibt es gratis den Blick auf Rhein und Eltviller Au. *8 Zi. | Freygässchen 1, Zufahrt über Wallufer Str. | Tel. 06123 97 51 10 | www.burgcrass-eltville. de | €€€*

FRANKENBACH

Nach der architektonisch aufwendigen Erweiterung des Mainzer Hofs um das nebenan gelegene ehemalige Hotel Gutenberg-Hof erwartet Gäste eine gepflegte, stilvolle Unterkunft in unmittelbarer Bahnhofsnähe. Behagliche Zimmer mit Kirschbaummobiliar. Ebenfalls im Haus befinden sich ein Caféhaus im Wiener Stil sowie eine Weinstube mit Kachelofen. *37 Zi. | Wilhelmstr. 13 | Tel. 06123 90 40 | www.hotel-frankenbach.de | €€*

GLOCKENHOF

Inmitten der Eltviller Altstadt gelegenes historisches Haus mit gästeorientiertem Service: Haustiere auf Anfrage, Kaffee- und Teezubereitung im Zimmer, kostenlose Leihräder, und das Frühstücksbuffet bleibt bis 10.30 Uhr aufgebaut. *6 Zi. | Marktstr. 3 | Tel. 06123 6 11 41 | www.hotel glockenhof.de | €€*

KLEINE VILLA ROSE

In der Altstadt am Markt gelegenes, individuell und mit Antiquitäten ausgestattetes historisches Gästehaus. Behagliches, privates Ambiente, jedoch recht kleiner Frühstücksraum. *6 Zi. | Grabengasse 4 | Tel. 06123 9 99 45 90 | www.kleine-villa-ro se.de | €€*

AUSKUNFT

TOURIST INFORMATION

Das Büro bietet sehr viele thematisch ausgerichtete Führungen, auch für Kinder und Jugendliche. Im 1. Stock befindet sich die ● Mediathek der Stadt mit Lesesaal. *Rheingauer Str. 28 | Tel. 06123 9 09 80 | www.eltville.de*

ZIELE IN DER UMGEBUNG

ERBACH (117 D5) (*◻ F8*)

Unmittelbar westlich von Eltville liegt am Rhein das eingemeindete Dorf Erbach (3700 Ew.). Folgt man der alten Bundesstraße, so gelangt man, vorbei an prächtigen Weingütern und der schlanken evangelischen Kirche, zum historischen Marktplatz. Zu den ältesten Häusern der Fachwerkgruppe gehört das schmale Bauwerk in der Eberbacher Str. 2 aus dem 15. Jh. Die **INSIDER TIPP** *Genossenschaft der Winzer von Erbach* (Ringstr. 28 | www.winzer-von-erbach.de), ein Zusammenschluss von 30 kleineren Winzern, wird von Weinführern wegen ihres guten Preis-Leistungs-Verhältnisses gelobt. Probieren können Sie die Weine auch im *Gasthaus zum Engel (tgl. | Am Markt 2 | Tel. 06123 6 24 28 | www.gasthaus-engel-erbach.de | €€)*.

Im ⭐ ● *Schloss Reinhartshausen Kempinski (63 Zi. | Hauptstr. 41 | Tel. 06123 6760 | www.schloss-hotel.de | €€€)* empfangen kunstvoll arrangierte Blumengestecke, vertäfelte Nischen und dichte Teppiche die Besucher. Reinhartshausen war einst im Besitz von Marianne von Preußen, der Tochter des niederländischen Königs Wilhelm I. Vom historischen 🌿 Schlosssaal blickt man über den Park zur mitten im Rhein liegenden Mariannenaue, einer zum Hotel gehörenden Rheininsel mit 24 ha urwüchsiger Parklandschaft und Auenwäldchen. Im Hotel können Sie Überfahrt, naturkundliche Führung und Verkostung eines Inselweins buchen *(Mai–Sept. So 13 und 15 Uhr | ca. 2 Std. | 18 Euro)*. In der **INSIDER TIPP** *Schloss-Schänke (außer Sa/So mittags geschl. | Tel. 06123 79 33 80 | www.michael-balzer.com | €€)* bietet Michael Balzer in historischem Rahmen eine thematisch orientierte Küche, z. B. alpenländische Wochen. Die Terrasse ist von Mai bis September schon ab 12 Uhr geöffnet.

Das Hotel Schloss Reinhartshausen besitzt als Clou sogar eine eigene Rheininsel

Eine Erbacher Institution ist auch der ● *Gutsausschank Maximilianshof (Di–Fr 14.30–24, Sa/So 11–24 Uhr | Rheinallee 2 | Tel. 06123 9 22 40 | www.maximilians hof.de | €€)*, bei den Einheimischen bekannt als „Alter Oetinger", mit parkähnlichem Garten und historisch-behaglichen Räumen. Reservieren sollte, wer im **INSIDER TIPP** gemütlichen Erker sitzen möchte. In der hübschen *Wein-Dekanei (Erbacher Str. 31 | www.wein-dekanei.de)* findet man neben ausgesuchten Weinen des Region auch ausgefallene Tischdekorationen und Delikatessen.

MARTINSTHAL (117 D4) *(∅ G7)*
Eine schmale Durchgangsstraße führt durch die historische Ortsmitte, Baudenkmäler an steilen Hanglagen prägen das Bild. Das knapp 5 km nördlich gelegene Martinsthal (1500 Ew.) wurde bereits 1363 durch den Erzbischof von Mainz gegründet. Einen Besuch lohnt das VDP-Weingut *Diefenhardt (Hauptstr. 9–11 | www.diefenhardt.de)* mit *Vinothek (Di–Sa 9–12 und 14–20 Uhr)* und *Gutsausschank (Di–Sa ab 17 Uhr | Tel. 06123 97 23 13 | €)*. Hier kann man in angenehmer Atmosphäre Wein probieren und kaufen. Übrigens: Der Martinsthaler Wildsauplatz wurde nach der berühmtesten Weinlage der Gemeinde benannt. Eine Übernachtung empfiehlt sich im *Zum Schlösschen (9 Zi. | Im Kleimettal 2 a | Tel. 06123 7 38 16 | www.zum-schloesschen. de | €€)*, dem ein Restaurant mit regionaler und mediterraner Küche angeschlossen ist.

RAUENTHAL (117 D4) *(∅ G7)*
Eine kurvige Straße schraubt sich am Ortsausgang von Martinsthal den Berg hinauf in den Weinort (1800 Ew.) in der „zweiten Reihe". Schon seit vielen Jahren existiert das *Kultur- und Tagungshaus Rauenthal (Hauptstr. 6 | Tel. 06123*

7 44 12 | www.kuta-rauenthal.de), das (Mehrbett-)Zimmer vermietet, Freizeiten und Bildungsurlaube organisiert und ein anspruchsvolles Kulturprogramm auf die Beine stellt. Einen großartigen Blick über das Rheintal garantiert der Ausflug zur ✿ *Bubenhäuser Höhe* 1,5 km südlich.

WALLUF (117 E4–5) *(∅ G7)*
„Die Pforte des Rheingaus" ist dessen älteste Weinbaugemeinde und blickt auf eine über 1200-jährige Weinbautradition zurück. So taucht bereits im Jahr 770 in den Chroniken die Bezeichnung „Waltaffa" auf. Dieser Name ist germanischen Ursprungs und bedeutet Waldwasser – er bezieht sich auf den im Taunus entspringenden Wallufbach. An seinen Ufern befanden sich einst Dutzende Mühlen, allein im Ortsbereich von Walluf wurden zehn gezählt, 16 weitere säumten das Ufer von Martinsthal bis zur Quelle des Bachs in Wambach. Die meisten verfielen im Lauf der Zeit. Nach wie vor begehbar ist hingegen der historische Weg am Bach, der die beiden Ortsteile (zusammen 6300 Ew.) Ober- und Niederwalluf miteinander verbindet. Das sich östlich des Bachs am Rhein erstreckende Niederwalluf ist der ältere. Erst nach der Errichtung des Rheingauer Gebücks, der unüberwindbaren Dornenhecke, wurde das Gebiet westlich des Wallufbachs besiedelt. In einem winzigen Fachwerkhaus untergebracht ist das Restaurant *Zum Treppchen (Mo/Di und außer So mittags geschl. | Kirchgasse 14 | Tel. 06123 7 99 33 38 | www.treppchen-walluf.de | €€)* mit köstlichen Speisen, auch für den kleinen Appetit, und guten Weinen. Gemütlich ist es im **INSIDER TIPP** *Kaffee Kränzchen (Mo/Di geschl. | Alte Hauptstr. 26 | Tel. 0177 6 76 98 69 | €)* unter Antiquitäten und mit selbst gebackenen Kuchen. Steht Ihnen der Sinn nach Entspannung? Das *Anima Centrum für Körper und Geist*

und Seele (*Schöne Aussicht 37 | Tel. 06123 7 94 78 34 | www.anima-centrum.vpweb. de*) bietet mit seinen Meridian-, indischen Sabaady- und körperenergetischen Massagen ein Programm, das sich vom üblichen Wellnesskatalog unterscheidet und tiefe Entspannung und – noch schöner – Achtsamkeit für Körper und Geist mit sich bringt.

HATTENHEIM

(116 C5) (*F8*) Der Aufstieg des Weindorfs (2200 Ew.) begann mit dem Bau des Klosters Eberbach, da Mönche über 700 Jahre hinweg Hattenheimer Weinbergslagen bewirtschafteten. Adelsfamilien ließen sich hier nieder und erwarben Weingüter, etwa zehn liegen heute in Hattenheim. Hattenheim gilt als die Gourmetkapitale des Rheingaus, wo sich nur 100 m voneinander drei bekannte Spitzenköche niedergelassen haben: Franz Keller mit seiner Adlerwirtschaft, Josef Laufer vom Hotel Krug und Patrik Kimpel im Hotel Kronenschlösschen.

SEHENSWERTES

BURG
Die von einer hohen Mauer umgebene Burg, Schauplatz des allsommerlichen Burgfests, wurde erstmals zu Beginn des 12. Jhs. erwähnt. Sie diente als Talburg, also als befestigte Wohnanlage zur Sicherung des aus Kirche, Straße und Burg bestehenden Zentrums. *Hauptstr.*

MARKTPLATZ ⭐
Weinranken und -reben, Blattornamente in vielfacher Ausprägung: Die Gefachbemalungen der ● Fachwerkhäuser am Marktplatz sind einzigartig im Rheingau, da diese künstlerische Ausdrucksform in der Region keine Tradition hat. Zum En-

semble der Häuser in der Hauptstraße und im Burggraben gehört auch das älteste Fachwerkhaus des Stadtteils. Der Giebelbau in der Hauptstr. 36 ist fast 500 Jahre alt.

Hattenheim: Weinprobe im Weinberg

PFARRKIRCHE ST. VINCENT
Das Gotteshaus entstand 1739 als Saalkirche. An der Südseite befindet sich eine aus der Werkstatt von Hans Backoffen stammende Kreuzigungsgruppe, die auf 1510 datiert wird. *Hauptstr.*

ESSEN & TRINKEN

ADLERWIRTSCHAFT ☺
Ob Spanferkelsülze oder Frischlingsragout, vom Einfachsten das Beste heißt

hier die Devise. Hinter der Fachwerk-fassade eines kleinen Hauses verbirgt sich eine Rheingauer Gourmetadresse der ökologischen Art: Das Fleisch der Charolais- und Limousinrinder und Bentheimer Freilandschweine kommt vom eigenen, artgerecht betriebenen Falkenhof im Taunus. Franz Keller, ehemaliger Star- und Sternekoch, verwirklichte das Idealbild einer Wirtschaft zum Wohlfühlen, hell und kommunikativ. *Di/Mi und außer Sa/So mittags geschl. | Hauptstr. 31 | Tel. 06723 79 82 | www.franzkeller.de | €€€*

BRÜCKENSCHÄNKE ⠵

Näher am Rhein sitzt man nirgends: Auf einer Terrasse oberhalb des Flusses treffen sich Radfahrer und die Camper des nahen Platzes auf einen Drink, zudem gibt es bodenständige Küche. *Nov.–Feb. geschl. | Auweg 2–4 | Tel. 06723 28 27 | www.rheingau-campingplatz.de | €*

WEINPUNKT

Zeitgenössisches Ambiente im alten Dorfkern, die edle Variante der Straußwirtschaft: Zwei Hattenheimer Winzer lassen hier ihre edlen Tropfen ausschenken, dazu gibt es Serranoschinken und andere Kleinigkeiten. *So-Abend, Mo, Di und außer Sa/So mittags geschl. | Hauptstr. 25 | Tel. 06723 91 39 60 | www.weinpunkt-vino thek.de | €€*

INSIDER TIPP ▶ ANTIQUITÄTEN RUPPERT

Antike Möbel und zahlreiche Kunstgegenstände, häufig aus der Biedermeierepoche, füllen heute die erste Etage der alten Dorfschule (erbaut um 1700), die die anderen Gebäude überragt. *Sa 11–16 Uhr, Mo–Fr n. V. (Tel. 06723 38 25) | Hauptstr. 23, 40 und 42 | www.kunsthan del-ruppert.de*

KRONENSCHLÖSSCHEN

Wertvolle Tapisserien und Fresken, antike Grafiken und würdevolle Ölgemälde, dazu herrliche Zimmer, von denen die INSIDER TIPP ▶ Turmsuite das berühmteste ist. Hier entwarfen Konrad Adenauer, Theodor Heuss und Carlo Schmid nach dem Zweiten Weltkrieg das deutsche Grundgesetz – und damals wie heute beschattet eine 250 Jahre alte, mächtige Platane den Balkon. Im alten Park verströmen Kies und Korbmöbel britischen Landhauschic. Der vielfach ausgezeichnete Patrik Kimpel komponiert in der Küche. *18 Zi. | Rheinallee | Tel. 06723 6 40 | www. kronenschloesschen.de | €€€*

ZUM KRUG

Unterhalb des alten Rathauses prägt die mit Malereien versehene ● Fachwerkfassade des Hotels und Weinhauses die Altstadt. Das 1720 erbaute Bauernhaus verströmt im Inneren eine betont ländliche Atmosphäre mit bleiverglasten Fenstern, Holzvertäfelungen und einem Kachelofen in Josef Laufers (Gourmet-) Gaststube *(So-Abend, Di-Mittag und Mo geschl. | €€€).* Die (Nichtraucher-)Zimmer bieten modernen Komfort und stilvolle Behaglichkeit. *15 Zi. | Hauptstr. 34 | Tel. 06723 9 96 80 | www.hotel-zum-krug. de | €€*

KIEDRICH

(116–117 C–D4) (*ᗯ F7*) **Im Schatten des übermächtigen Weinklosters Eberbach wuchs im Dorf Kiedrich seit dem Mittelalter die Rebenkultur, wurde Weinbau bald zur Grundlage für das Wohlergehen seiner Einwohner.**

Unter dem Namen Kiedricher Gräfenberg wurden die Weine bereits zu einer Zeit gehandelt, in der Lagenbezeichnungen noch nicht üblich waren. Auch war der Ort zeitweise sogar Residenz der Landesherren. In die hoch über dem Dorf thronende Burg Scharfenstein kehrten 100 Jahre lang immer wieder die Mainzer Erzbischöfe ein, die die Erzeugnisse der umliegenden Weinkeller nicht verachteten. Die gotische Valentinuskirche verkörpert mittelalterlichen Reichtum und nimmt Besucher mit ihrer Ausstrahlung gefangen. Im Sommer vergeht keine Woche, in der in Kiedrich nicht geheiratet wird, obwohl die Ortschaft nur 4000 Ew. hat. Brautpaare erhalten eine Urkunde vom „Weinberg der Ehe" und damit symbo-

Scharfenstein in den Weinbergen, neben der Valentinuskirche Wahrzeichen des Orts.

SEHENSWERTES

BURGRUINE SCHARFENSTEIN

Raben krächzen, und die Fahne flattert im Wind: Der Burgturm ist das einzige Überbleibsel der um 1160 errichteten Burg Scharfenstein, in der zeitweise auch die Mainzer Erzbischöfe residierten. Ein schöner Spaziergang führt von der Waldmühle und der Wassertretanlage hinauf. Vom ☀ Burgplatz, auf dem Besuchern und Gruppen nach Voranmeldung Grill-

In Hattenheims Hotel Zum Krug wohnen Sie hinter einer bemalten Fachwerkfassade

lisch einen Rebstock (und pro Jahr eine Flasche Wein). Das gotische Weindorf besitzt neben zahlreichen historischen Sehenswürdigkeiten stimmungsvolle Restaurants und Straußwirtschaften. Historische Bauwerke und Adelshöfe wie Schloss Groenesteyn prägen das Ortsbild. Weithin sichtbar thront die Burgruine

vorrichtungen zur Verfügung stehen, eröffnet sich ein herrlicher Blick über das Dorf und die Weinberge. *Zufahrt über Mühlweg und Bergchaussee*

MICHAELSKAPELLE

Das grazile, zweigeschossige Bauwerk im spätgotischen Stil wurde als Totenkapelle mit Beinhaus 1440 erbaut. Die Außenkanzel dient der Predigt an Wallfahrtstagen zum hl. Valentin. Auf dem Kirchenvorhof ist die große Kreuzigungsgruppe beachtenswert. *März–Okt. tgl. 9–18 Uhr | Mühlberg 2*

fand ein nahezu zerstörtes Instrument vor. Sutton ließ die Orgel zwei Jahre lang in Brügge restaurieren. Heute gilt das Instrument als älteste spielbare Orgel Deutschlands. Etwa 960 Pfeifen, von denen mehr als zwei Drittel aus der Ent-

St. Valentin in Kiedrich birgt die älteste noch spielbare Orgel Deutschlands

PFARRKIRCHE ST. VALENTINUS ★

Die um 1300 auf den Fundamenten eines romanischen Gotteshauses entstandene Kirche ist benannt nach St. Valentin, Schutzpatron der Epilepsiekranken. Reliquien des Heiligen befinden sich in der Kirche; sie lösten im Mittelalter rege Wallfahrten aus. Auffällig ist das prachtvoll gestaltete Westportal, am Mittelpfeiler erblickt man den hl. Valentin. Größte Kostbarkeit der gotischen Kirche ist ihre Orgel aus dem späten 15. Jh., deren Wert noch rechtzeitig von Kiedrichs Gönner Sir John Sutton erkannt wurde. Der kunstinteressierte britische Mäzen kam 1857 eigens wegen der Orgel nach Kiedrich und

stehungszeit stammen, sorgen für den einzigartigen Klang. Kunsthistorisches Kleinod ist die von 1330 stammende Kiedricher Madonna mit Krone, Zepter und Weinlaub. *März–Okt. tgl. 10.30–12.30, So auch 14.30–16 Uhr, Nov.–Feb. Sa/So 14.30–16 Uhr, Führungen So im Anschluss an das Choralhochamt*

INSIDER TIPP ▶ RATHAUS

Das Kiedricher Rathaus mit seinen zwei flankierenden Erkern und Sandsteinumrahmungen gilt als schönstes Renaissancerathaus von Hessen. In dem 1585 errichteten Bau geben sich Brautpaare gern das Jawort. *Marktstr.*

ESSEN & TRINKEN

WEINGUT KRONEBERGER-SCHÄFER

Hier treffen sich Alteingesessene mit Besuchern an einem Tisch, trinken die köstlichen Weine der Winzerin Corinna und lassen sich leckere Kleinigkeiten aus der Küche kommen. *Mo–Fr ab 15 Uhr | Mühlberg 3 | Tel. 06123 53 80 | €*

ZUM SCHARFENSTEIN

Fachwerkhaus, das um diverse Anbauten ergänzt wurde und auch als Hotel *(21 Zi.)* fungiert. Das Restaurant mit drei Gaststuben und historischem Gebälk serviert regionale Gerichte mit Rheingauer Weinen, günstig und gut. An Wochenenden reservieren! *Außer So mittags geschl. | Oberstr. 8 | Tel. 06123 33 08 | www.wein haus-scharfenstein.de | €–€€*

INSIDER TIPP WEINSCHÄNKE SCHLOSS GROENESTEYN

Stilvolle Adresse in einem neu errichteten Fachwerkensemble. Das Restaurant mit großer Weinkarte serviert anspruchsvolle leichte Gerichte. *Mo/Di und außer So mittags geschl. | Oberstr. 36 | Tel. 06123 15 33 | www.weinschaenke-schloss groenesteyn.de | €€*

WALDMÜHLE

Ein Landgasthaus in ruhiger Waldlage mit großer Terrasse und Wintergarten. Sonntags trifft man sich hier gern zum üppigen Brunch. Auf dem Weg passieren Sie die Virchow-Thermalquelle, deren 24 Grad warmes, salzhaltiges Wasser seit 1867 Linderung bei vielerlei Beschwerden verspricht. *Sa ab 15, So ab 11 Uhr | Waldstr. 28 | Tel. 06123 63 03 15 | www. waldmuehle-rheingau.de | €€*

ZEHNTHOF

Deftige Küche, Schnitzel- und Wildspezialitäten im historischen Gasthof. Große Portionen, niedrige Preise und großzügig bemessene Schoppen ziehen Freunde gutbürgerlicher Küche und altdeutscher Gemütlichkeit ins Zentrum von Kiedrich. *Do/Fr und außer Sa/So mittags geschl. | Oberstr. 1 | Tel. 06123 6 10 58 | €*

EINKAUFEN

WEINGUT ROBERT WEIL

Das renommierte Gut wurde Mitte des 19. Jhs. im Stil der englischen Gotik erbaut. Proben und Verkauf in der Vinothek nebenan. *Mühlberg 5 | Tel. 06123 23 08 | www.weingut-robert-weil.com*

GREGORIANISCHE CHORÄLE

Mehr als 750 Jahre alt ist die Tradition der ● gregorianischen Choräle in Kiedrich. Seit 1333 pflegten die Geistlichen mit Männern und Schulbuben der Gemeinde die Gesänge, aufgezeichnet in der damals gebräuchlichen Hufnagel-Notenschrift. Eine Besonderheit des Gesangs ist sein alter germanischer Dialekt, der nur in Kiedrich gesungen wird. In einer auf John Sutton zurückgehenden Stiftung wurde 1865 eine Chorschule ins Leben gerufen, die noch heute existiert. Unter der Leitung ihres Chorregenten singen die „Kiedricher Chorbuben" (heute gehören dazu auch Mädchen) seitdem an Sonn- und Feiertagen um 9.30 Uhr das lateinische Hochamt – einzigartiges historisches Vermächtnis und seltener Musikgenuss. *www.kiedricher-chorbuben.de*

KIEDRICH

WEINGUT SCHÜLER-KATZ

Ein Fachwerkhaus wie gemalt: Kopfsteinpflasterhof, Erker, Butzenfenster. Weinverkauf nach telefonischer Anmeldung. *Bingerpfortenstr. 6 | Tel. 06123 54 22 | www.weingut-schueler-katz.de*

WINZERGENOSSENSCHAFT KIEDRICH

Das schöne, lang gestreckte Fachwerkhaus des ehemaligen Adelsguts Langenhof wird auf das 15. Jh. datiert. In der Winzergenossenschaft kann man die Kiedricher Weine probieren und kaufen sowie – gleich nebenan – günstig gutbürgerlich essen *(Restaurant Tel. 06123 6 35 17 | €)*. Die 1893 gegründete Genossenschaft ist die älteste des Rheingaus. *Kammstr. 3 | Tel. 06123 24 36 | www.wg-kiedrich.com*

FREIZEIT & SPORT

Der Rheingauer Dichter *Rainer Rupröder* (*www.ruproeder.de*) bietet `INSIDER TIPP` geführte Wanderungen ab Kiedrich mit offenen Lesungen an markanten Punkten. *5 Std. 25 Euro/Person inkl. Sektempfang, Getränke und Brotzeit | Tel. 06123 17 07*

AM ABEND

KUZ EICHBERG

Das „KUZ" (Kulturzentrum der Psychiatrischen Klinik Eichberg) auf halber Strecke zwischen Kiedrich und Kloster Eberbach bietet ein reiches Programm aus Kabarett, Comedy, Konzerten und vielem mehr an verschiedenen Orten. *www.kuz-eichberg.de*

ÜBERNACHTEN

GÄSTEHAUS EGERTSMÜHLE

Eine stilvolle Übernachtungsadresse: Doreen Hulbert schuf in ihrer historischen Mühle, umgeben von Wald und Pferdekoppeln, individuell ausgestattete Gästezimmer. Sinn fürs Detail, köstliches Frühstück. *7 Zi. | Waldstr. 26 | Tel. 06123 29 10 | www.egertsmuehle.de | €€*

NASSAUER HOF

Hier zeigt sich, dass historisches Fachwerk und modernes Design ein spannungsreiches Ambiente schaffen; dazu gesellt sich das hochwertige Interieur, angenehm puristisch und doch voller Wärme. *21 Zi. | Bingerpfortenstr. 17 | Tel. 06123 99 93 60 | www.hotel-nassauerhof. de | €€*

AUSKUNFT

VERKEHRSAMT KIEDRICH

Rathaus | Marktstr. 27 | Tel. 06123 90 50 10 | www.kiedrich.de, www.kiedrich-geschichte.de

ZIELE IN DER UMGEBUNG

KLOSTER EBERBACH ★
(116 C4) (*ω F7*)

Ein Ort der Stille: Selbst an betriebsamen Wochenenden umgibt besinnliche Ruhe die Besucher, der Atmosphäre von Stille und Erhabenheit kann sich niemand entziehen. Das Kloster ist ein einzigartiges Architekturkunstwerk und gilt als die am besten erhaltene mittelalterliche Klosteranlage Europas.

1136 zogen 24 Mönche und Laienbrüder des Zisterzienserordens in das bereits bestehende Kloster der Augustiner-Chorherren. Arbeit, Fasten und Schweigen – das Leben der Zisterzienser war strenger Kontemplation gewidmet. Die Hinwendung des Ordens zu Meditation und religiösem Ernst beeinflusste seine Bauvorschriften: Skulpturaler Schmuck wurde ebenso abgelehnt wie Bilder, stattdessen richtete sich die Architektur aus am Klang der Liturgie. Der um 1250 bis zur Mitte des 14. Jhs. erbaute Kreuzgang stellt das architektonische Zentrum des Klosters dar. Darum herum sind die bedeutendsten Wirtschaftsgebäude angeordnet. Noch heute erinnert man sich im Kloster an die Dreharbeiten zum Film „Der Name der Rose" nach dem Roman von Umberto Eco, dessen Innenaufnahmen 1985 mit Hauptdarsteller Sean Connery teilweise hier gedreht wurden. 1998 überführte man die Klosteranlage in eine gemeinnützige Stiftung öffentlichen Rechts. Ein besonderes Erlebnis sind die

Im Klosterladen gibt es neben Kunsthandwerk und hochwertigen Weinen und Rieslingsekt auch ein gut sortiertes Buchsortiment zu spirituellen, kunsthistorischen und regionalen Themen. Zum Kloster gehören außerdem ein Hotel und das Restaurant *Klosterschänke (tgl. | Tel. 06723 99 32 99 | €€)*. Wunderschön im restaurierten Ambiente eines historischen Nebengebäudes tafelt man unter Kreuzgewölben und im Sommer im Garten unter Platanen. Ob hausgemachte Holunderlimonade, geräucherte Wisperforelle aus dem Taunus oder Wildgerich-

Ein Meisterwerk: das gotische Gewölbe im Mönchsdormitorium (Schlafsaal) des Klosters Eberbach

INSIDER TIPP in historischen Räumen stattfindenden Weinproben. Die „Schlenderprobe" z. B. ist ein Klosterrundgang mit Verkostung von sechs Rieslingweinen in sechs Räumen (20,50 Euro). Für Einzelbesucher findet zwischen Mai und Oktober die „offene Schlenderweinprobe" statt. *April–Okt. tgl. 10–18, Nov.–März 11–17 Uhr | 5,50 Euro | Buchungsservice Tel. 06723 9 17 81 15 | www.kloster eberbach.de*

te und mit leichter Hand komponierte Salate: Alles schmeckt vorzüglich. Und an der **INSIDER TIPP** Wildschweinsülze mit Bratkartoffeln und dunklem Klosterbier führt hier kein Weg vorbei. Das **INSIDER TIPP** Selbstbedienungsrestaurant *Pfortenhaus (Mo/Di und Mitte Okt.– Ostern geschl. | €)* bietet täglich wechselnde Gerichte, offene Weine, Kaffee und Kuchen – und obendrein eine kleine, stilvolle Veranda.

INSIDER TIPP **STEINBERGKELLER** ●
(116 C4) (*∭ F7*)

Neben dem Kloster Eberbach liegt an der Landstraße nach Hattenheim das Weingut Domäne Steinberg, dessen berühmte Weinbergslage von einer 3 km langen Bruchsteinmauer umgeben ist. Besucher zieht es in den Keller von Deutschlands größtem Weingut, eine, wie die FAZ es ausdrückte, „unterirdischen Kathedrale des Weinbaus", dabei modern, nüchtern und voller Funktionalität. Die Kapazität des 16 Mio. Euro teuren Weinkellers, der sich über drei Stockwerke in die Tiefe erstreckt, ist beeindruckend: Hier werden während und nach der Lese täglich über 100 000 kg Trauben vinifiziert und in 270 Edelstahltanks, 40 gewaltigen Holzfässern und 1,3 Mio. Flaschen gelagert. Die einstündige Führung mit Verkostung von drei Weinen ist ein Erlebnis, das Sie sich nicht entgehen lassen sollten! *April–Okt. Sa/So 13 und 15, Nov.–März So 14 Uhr | 10 Euro*

OESTRICH-WINKEL

(116 B5–6) (*∭ F8*) **Wenn man auf der Bundesstraße 42 am Rhein von Eltville gen Westen fährt, passiert man die ineinander übergehenden Orte Oestrich, Mittelheim und Winkel (zusammen 12 000 Ew.).**

Unter Bäumen auf der rechten Seite erblickt man so manches prächtige historische Gebäude, oft Hotel oder Café, und auch Schloss Reichartshausen. Hunderte von Studenten sind an der im Schloss untergebrachten Hochschule European Business School für Wirtschaft und Recht immatrikuliert.

Wahrzeichen Oestrichs ist der hölzerne Kran am Leinpfad, der einst der Weinverladung diente. Aufwendig restauriert wurde der Ortskern mit seinen blumengeschmückten Häusern rund um den Marktplatz. Von herausragendem kunsthistorischem Interesse ist die romanische Basilika von Mittelheim, während das Graue Haus am südlichen Ortsrand von Winkel zu den ältesten Steinhäusern Deutschlands zählt. Im frühen 19. Jh. als Treffpunkt der Rheinromantiker bekannt wurde das Brentano-Haus. Hier war 1814 schon Goethe zu Besuch, ein Zimmer erinnert an den Dichter.

LOW BUDGET

▶ In den ✂ *Weingarten Hajo Becker* (April–Okt. Mo–Sa ab 17, So ab 15 Uhr | Rheinstr. 4 a) am Rhein in Walluf bringt man sein Essen im Picknickkorb selbst mit oder kauft vor Ort Kleinigkeiten wie Brezeln und Käsewürfel und genießt dazu den guten Riesling des Weinguts.

▶ Von April bis Oktober bietet das Touristenbüro von Eltville jeden Samstag um 15 Uhr 90-minütige *Altstadtführungen* für nur 2 Euro an. Treffpunkt ist die Burgkasse im Oberen Burghof der Kurfürstlichen Burg.

▶ Zu einer kostenlosen Führung durch die *Kirche von Kiedrich* lädt die katholische Gemeinde sonntags um 11 Uhr nach dem Hochamt.

▶ Die *Winzergenossenschaft Kiedrich* (Kammstr. 3 | Tel. 06123 24 36 | www. wg-kiedrich.com) bittet im Frühjahr und Herbst zu einer kompletten Verkostung der Kiedricher Weine – für nur 2 Euro pro Person.

Im Brentano-Haus am Rhein sind auch heute Literatur und Musik zu Hause

SEHENSWERTES

BASILIKA ST. ÄGIDIUS

Der 1131 errichtete romanische Sakralbau in Mittelheim ist die älteste Kirche des Rheingaus. Die äußerlich schlichte, dreischiffige Pfeilerbasilika enthält eine Statue des hl. Urban, Schutzpatron der Winzer. Ein Jahrhundert älter ist die Statue des Kirchenpatrons Ägidius, ebenfalls ein Schutzpatron des Weins und jeweils am 1. September mit frischen Trauben geschmückt. Kunsthistorisch bedeutsam ist die holzgeschnitzte Kanzel von 1511. *www. aegidius-basilika.de*

BRENTANO-HAUS ★

Das lang gestreckte Landgut mit dem zweistöckigen Mansardendach, zum Rhein hin von einem mauerbegrenzten Garten umgeben, wurde 1751 von einer Binger Familie erbaut und geriet 1806 in den Besitz der Frankfurter Familie Brentano. Clemens von Brentano, seine Schwester Bettina und ihr Mann Achim von Arnim verlebten hier ihre Sommer, umgeben von einem illustren Freundeskreis. Im August 1814 war Johann Wolfgang Goethe zu Gast, ein Jahr später nutzte er das Brentano-Haus als Ausgangspunkt einer Wanderung nach Schloss Johannisberg. Auch die Brüder Grimm, Friedrich Carl von Savigny und die Dichterin Karoline von Günderode (bestattet auf dem Winkeler Friedhof) zählten zu den Besuchern.

Nahezu unverändert erhalten geblieben sind Stil und Einrichtung einiger Zimmer, die heute bei Führungen gezeigt werden. „Salonkultur im Brentano-Haus" heißen die um Wein, Musik und Literatur kreisenden Veranstaltungen. Stimmungsvoll ist der angeschlossene *Gutsausschank (Di geschl.)*. *Führungen nach tel. Absprache bis 8 Pers. 60 Euro, ab 9 Pers. 7 Euro/ Pers. | Winkel | Am Lindenplatz 2 | Tel. 06723 20 68 | www.brentano.de*

GRAUES HAUS

Die schlichte äußere Form verrät romanischen Stil; tatsächlich gehört das Graue Haus zu den wenigen Wohnbauten der

Region, die in diesem Baustil errichtet wurden. Unsicher ist man sich über die Entstehungszeit des Bauwerks. Bei Restaurierungsarbeiten wurde Baumaterial identifiziert, das aus dem 11. Jh. stammt. Danach wäre das Graue Haus das älteste Steinhaus Deutschlands. Bis vor einigen Jahren beherbergte es ein Restaurant, über die künftige Nutzung ist noch nicht entschieden. *Winkel | Graugasse*

SCHLOSS VOLLRADS ⭐

Von der einstigen Wasserburg aus dem frühen 14. Jh. ist nur noch der eindrucksvolle, über eine Brücke zu erreichende Wohnturm erhalten. Die Orangerie und das Kavaliershaus stammen aus dem 17. und 18. Jh. Sie beherbergen heute einen *Gutsausschank (Ostern–Okt.)*, ein *Gutsrestaurant (tgl. | €€–€€€)* und eine *Vinothek (Ostern–Okt. Mo–Fr 9–18, Sa/So 11–19 Uhr). Gelände frei zugänglich | Vollradser Allee (nördl. von Winkel), Zufahrt über Obere Schwemmbach | www.schloss vollrads.com*

WEINVERLADEKRAN

Ein quadratischer Fachwerkbau auf einem Sockel aus Sandsteinquadern mit einem Schieferdach und einem 9 m langen Ausleger am Rheinufer ist das Wahrzeichen der Stadt: Der 1745 gebaute Kran diente der Verladung von Weinfässern und ist ein bedeutsames technisches Denkmal. Von hier wurden die Weinausfuhren aus dem Kloster Eberbach und von Oestrich, Mittelheim, Winkel, Hallgarten und Johannisberg erledigt. *April–Okt. 1. Wochenende im Monat Sa/So 13–17 Uhr kostenlose Führungen | Leinpfad Oestrich*

ESSEN & TRINKEN

INSIDER TIPP ▶ ALTES RATHAUS
Taunusreh mit Spätzle, köstliche Salate oder einfach nur ein Flammkuchen: Das

Der markante Weinverladekran am Rhein wurde zum Wahrzeichen von Oestrich-Winkel

Weinbistro in einem Gebäude von 1504 serviert auch im Innenhof und auf dem Marktplatz. Während der Sommermonate herrscht hier mediterrane Atmosphäre, und der Blick auf den plätschernden Marktbrunnen und die unter dichtem Efeu versteckten Fachwerkhäuser ist äußerst romantisch. *Di geschl. | Oestrich | Markt 8 | Tel. 06723 9 98 69 90 | www. altes-rathaus-oestrich.de | €€*

ANDANTE

Kleines Kellerrestaurant, Treff für Studenten und Gäste, die in zwangloser Atmosphäre günstig essen wollen. *So-Abend, Mo und außer Mi mittags geschl. | Oestrich | Rheinallee 2 | Tel. 06723 54 41 | www.andante-oestrich.de | €*

INSIDER TIPP GUTSAUSSCHANK BRENTANO-HAUS

Mediterranen Einfluss verrät die Hof- und Gartengestaltung des Anwesens, drinnen sitzt man in historischer Umgebung. Das Restaurant serviert gutbürgerliche regionale Küche, ebenfalls mit mediterranen Akzenten. *Mo/Di und außer So mittags geschl. | Winkel | Am Lindenplatz 2 | Tel. 06723 6 02 48 13 | www.brentano.de | €€*

FETZERS WEINSTÜBCHEN

Außer Wein aus dem eigenen Gut gibt es gutbürgerliche Küche. Das Restaurant ist immer voll, im Sommer sitzt man im Garten. Löbliches Angebot: Alle Gerichte gibt es auch als halbe Portion! *Di/Mi und außer So mittags geschl. | Oestrich | Römerstr. 20 | Tel. 06723 21 93 | www.wein gutfetzer.de | €*

DIE WIRTSCHAFT

Klassische regionale Küche mit mediterranem Einschlag. *So-Abend und Mo geschl. | Winkel | Hauptstr. 70 | Tel. 06723 74 26 | www.die-wirtschaft.net | €€*

EINKAUFEN

INSIDER TIPP SALLYS OPEN GARDEN

Herrlich zum Stöbern: Hier finden Sie Patchworkdecken und Vogelhäuser aus Neuengland, italienisches Porzellan, Landhausmöbel der flämischen Marke Flamant, Kinderbücher und nostalgisches Blechspielzeug. *Do/Fr 10–18 Uhr | Oestrich | Rheingaustr. 26*

INSIDER TIPP WEINGUT FRITZ ALLENDORF

Auch Winzer gehen mit der Zeit: Fühlen (von Bodenproben), Riechen (der unterschiedlichen Weinaromen) und Hören (auf die Geräusche beim Einschenken reifer Weine) bei unterschiedlicher Beleuchtung kann man in der *Wein-Erlebnis-Welt* dieses Weinguts. Anschließend darf gekauft werden ... *Winkel | Kirchstr. 69 | Tel. 06723 9 18 50 | www.allendorf.de*

FREIZEIT & SPORT

MITTELHEIMER FLÖTENWEG

In Oestrich-Winkel sind mehrere „Flötenwege" („Flöte" heißt die typische Rheingauer Weinflasche mit langem Hals) als Wanderwege ausgeschildert. Der 2,5 km lange Mittelheimer Flötenweg führt von der Basilika in Mittelheim (die gegenüber liegende Touristeninformation hält Karten bereit) vorbei am ehemaligen Mittelheimer Rathaus, einem Bauwerk von 1704 im gotischen Stil, und mehreren Weingutshöfen durch die Rieslingstraße und vorbei an der Marienkapelle zum Ortsausgang. Dann geht es leicht ansteigend durch die Weinbergslage Mittelheimer Edelmann bis zum „Quer-Flötenweg".

RHEINFÄHRE MITTELHEIM–INGELHEIM

Pendler wie Touristen nutzen die Autofähre. Zudem ist sie eine günstige Gelegenheit, um für ein Viertelstündchen auf dem Rhein zu kreuzen. *Halbstündlich Mo–Fr 6–21, im Sommer bis 22, Sa ab 7, So ab 8 Uhr | www.rheinfaehre.de*

AM ABEND

INSIDER TIPP▶ BRENTANO-SCHEUNE

Das städtische Kulturhaus ist untergebracht in einem industriellen Baudenkmal: Um 1800 beherbergte das aus Bruchstein und Fachwerk erbaute Haus eine Gerberei, später wechselte es in den Besitz der Familie von Brentano über. Heute dient das Gebäude für Ausstellungen, Konzerte, Lesungen, Varietédarbietungen, Comedy und Artistik. *Winkel |*

Hauptstr. 134 a | Tel. 06723 88 52 29 | www.brentanoscheune.de

ÜBERNACHTEN

ADVENA HOTEL JESUITENGARTEN

Bodenständiges Dreisternehotel mit frisch und ansprechend gestalteten Zimmern und Blick auf den Rhein (und die dazwischen liegende B 42). Große, sonnige Restaurantterrasse zum Fluss. *42 Zi. | Winkel | Hauptstr. 1 | Tel. 06723 9 90 20 | jesuitengarten.advenahotels.com | €€*

PENSION MICHAEL DORNBACH

Modernes Gästehaus des gleichnamigen Weinguts mit betont zurückhaltender

BÜCHER & FILME

▶ **Wasser zu Wein** – Anne Chaplets Roman ist ein Krimi aus dem Winzermilieu: Ein Mann kehrt nach langer Abwesenheit in das Weinbauernstädtchen Wingarten am Rhein zurück und stößt auf feindselige Spannung; schließlich gibt es zwei Tote

▶ **Rheingau** – Die Großmutter der Schrifstellerin Eva Demski stammt aus dem Rheingau: 15 Essays machen vertraut mit Strom und Riesling, dazu gibt es einfühlsame Betrachtungen ihrer Besuche zwischen Hallgartener Zange und Wispertal

▶ **66 Lieblingsplätze und 11 Winzer: Wiesbaden, Rhein-Taunus, Rheingau** – Susanne Kronenberg stellt ausgesuchte Plätze der Region vor – neben den altbekannten Perlen auch neue, exotische Funde und das Ganze ansprechend fotografiert

▶ **Ich bin die Andere** – Katja Riemann, Armin Müller-Stahl und Karin Dor zeigen in dem Psychothriller von Margarethe von Trotta eine Weingutbesitzerfamilie zwischen Schuld und Sühne. Gedreht wurde 2006 auf dem Assmannshäuser Höllenberg mit seinen Weinreben und im Rheintal

▶ **Der Name der Rose** – Für den preisgekrönten mittelalterlichen Krimi (1986) mit Sean Connery in der Hauptrolle nach dem Roman von Umberto Eco wählte Produzent Bernd Eichinger das Kloster Eberbach für die Innenaufnahmen

▶ **Der Baron, der Wein und der Tod** – Autor Conrad Brühl nimmt Vorgänge in einem Rheingauer Schloss zum Anlass für seinen Krimi um die Machenschaften von korrupten Banken und Politikern

Möblierung. *4 Zi. | Oestrich | Feldstr. 1 | Tel. 06723 36 02 | www.weingut-dornbach.de | €*

HOTEL SCHWAN

Ein hohes Schieferdach, Dutzende von Sprossenfenstern, ein Turmvorbau und die Fachwerkfassade verströmen beinahe südländisches Flair. Dazu trägt auch die breite Markise über der Terrasse bei, auf der die Gäste gern Platz nehmen. Das tatsächliche Alter des 1628 erbauten Viersternehotels nimmt man im historischen Gewölbekeller wahr, in dem Weinproben veranstaltet werden. *54 Zi. | Oestrich | Rheinallee 5–7 | Tel. 06723 80 90 | www.hotel-schwan.de | €€*

GÄSTEHAUS STRIETH

In einem prächtigen Fachwerkhaus nur 100 m vom Rhein betreibt Pamela Kurz ihr behagliches Gästehaus. Fachwerkbalken und Sprossenfenster schmücken den Frühstücksraum, wo ein reichhaltiges Buffet serviert wird. Im Sommer lockt zudem eine Gartenterrasse. *15 Zi. | Winkel | Hauptstr. 128 | Tel. 06723 9 95 80 | www.gaestehaus-strieth.de | €–€€*

AUSKUNFT

VERKEHRSVEREIN OESTRICH-WINKEL
An der Basilika 11 a | Tel. 06723 194 33 | www.oestrich-winkel.de

ZIEL IN DER UMGEBUNG

HALLGARTEN (116 B5) (*F7–8*)
Blumengeschmückte Fachwerkhäuser, Gasthäuser und Straußwirtschaften prägen das Winzerdorf (2500 Ew.) 3 km nordöstlich. Aus dem 12. Jh. stammen Nordwand und Turm der Pfarrkirche. Stolz ist die Gemeinde auf die Tonskulptur der „Madonna mit der Scherbe". Der Name bezieht sich auf das Gefäß („Scher-

Steht seit 1420 in Hallgarten: Tonskulptur „Madonna mit der Scherbe"

be"), das die Muttergottes in der rechten Hand trägt; in der Linken das Kind, das Weintrauben hält. Ein Gegenstück der äußerst wertvollen, von 1420 stammenden Figur, die Belle Alsacienne, befindet sich im Pariser Louvre.

Bestandteil des Hallgartener Wappens ist eine Zange. Tatsächlich ist mit diesem aus dem Mittelhochdeutschen übernommenen Begriff (ursprünglich „Zanke") aber nicht ein Werkzeug gemeint, sondern ein Felsvorsprung. Die *Hallgartener Zange*, ein oberhalb des Orts von Wäldern umgeben gelegener Aussichtspunkt, ist ein beliebtes Ausflugsziel. Auf einem Felsvorsprung in 580 m Höhe befindet sich ein Turm – er ist das wiederaufgebaute Relikt einer ehemaligen Befestigungsanlage. Seitdem der geplante Hotelneubau auf der Zange in die Pleite geriet, sind Baustelle und Turm abgesperrt und die gesamte Anlage verwildert zusehends.

WESTLICHER RHEINGAU

Rüdesheim, Johannisberg, Assmanns-hausen – angesichts der Werbewirksamkeit und des großen Bekanntheitsgrads dieser Orte rücken die Schönheiten und Besonderheiten anderer Orte im westlichen Rheingau fast in den Hintergrund.

Durch umfangreiche Restaurierung der Innenstadt und Verkehrsberuhigung konnte besonders die sympathische „Lindenstadt" Geisenheim in den letzten Jahren an Attraktivität gewinnen.

Gleich zwei bedeutende Klöster trifft man im westlichen Rheingau an: Das von Franziskanern geleitete Marienthal ist einer der ältesten Wallfahrtsorte Deutschlands, und im Kloster Eibingen (Abtei St. Hildegardis) leben Nachfolgerinnen der Klostergründerin Hildegard von Bingen,

die – ganz wie es sich im Rheingau gehört – u. a. erfolgreich Weinbau betreiben.

Rüdesheim, das Tor zum „Welterbe der Menschheit": Die Aufnahme des mittleren Rheintals in die Unescoliste zog große touristische Aufmerksamkeit nach sich. Tatsächlich gehört diese Region zwischen Rüdesheim und Koblenz zu den wohl eindrucksvollsten Deutschlands: Wenige Kilometer hinter Rüdesheim beginnt die Landschaft sich zu verändern. Das weiträumige Rheintal rückt zusammen, steil ragen die Hügel rechts der Straße in die Höhe. Selbst der Rhein scheint nicht mehr der alte zu sein: Der noch in Rüdesheim 700 m breite Strom verengt sich bis auf weniger als die Hälfte.

Bild: Seilbahn von Rüdesheim zum Niederwalddenkmal

Im Herzen des Weinlands: Wo die Spätlese erfunden wurde und die Drosselgasse Millionen Besucher anzieht

GEISENHEIM

(115 E5–6) *(⌖ E8)* **Vom Lindenplatz im Herzen der Altstadt lassen sich auf einem Spaziergang die historischen Sehenswürdigkeiten Geisenheims (12 000 Ew.) am besten erkunden.**

Untergebracht in Fachwerkhäusern sind zudem zahlreiche Boutiquen, die die Bedeutung Geisenheims als Einkaufsstadt unterstreichen. Mehrere prächtige Schlösser liegen am Stadtrand.

LINDE

Der bald 700 Jahre alte Laubbaum am Marktplatz ist das Zentrum der „Lindenstadt" – ein einzigartiges Naturdenkmal, dem zu Ehren alljährlich am zweiten Juliwochenende das Lindenfest gefeiert wird. Dank immer wieder erfolgreich durchgeführter Arbeiten des Baumdoktors beschattet die Linde nach wie vor die um ihren Stamm angebrachten Sitzbänke. Der Baum hatte bereits eine stattliche

Pause unter der 700-jährigen Linde der „Lindenstadt" Geisenheim

Größe, als im Mittelalter hier öffentlich Rats- und Gerichtsversammlungen abgehalten wurden. Jüngeren Datums, nämlich von 1823, ist der Marktbrunnen im klassizistischen Stil. *Lindenplatz*

RHEINGAUER DOM
Das gotische Bauwerk wurde 1510 an der Stelle einer romanischen Vorgängerkirche errichtet. Zahlreiche bauliche Veränderungen im 19. Jh. stammen von dem Nassauer Baumeister Philipp Hoffmann. Dabei wurde das Kirchenschiff um nahezu das Doppelte verlängert, zwei Kirchtürme ersetzten die baufällig gewordenen Westtürme. Im südlichenSeitenschiff ist der sogenannte Dreikönigsaltar von 1480 bemerkenswert. *Bischof-Blum-Platz*

SCHLOSS SCHÖNBORN
Als eine Mischung aus Burg und Schloss präsentiert sich das weithin sichtbare Bauwerk mit dem Fachwerkerker und den vier Ecktürmen sowie einem Treppenturm. Erbaut um 1550, wechselte es Mitte des 17. Jhs. in den Besitz von Erzbischof Johann Philipp von Schönborn über, der es als Sommerresidenz nutzte. Das noch heute in Familienbesitz befindliche Schloss, umgeben von einem Weinberg, ist nur im Rahmen von (Musik-) Veranstaltungen zu besichtigen. *Winkeler Str. 64 | www.rheingau-exklusiv.de*

VILLA MONREPOS
Als Altersdomizil ließ sich 1860–1863 Freiherr Eduard von Lade diese repräsentative, von einem herrlichen Park umgebene Villa erbauen. Er gründete 1872 die Königliche Lehranstalt für Wein-, Obst- und Gemüseanbau und rief die Pomologische Hochschule ins Leben, also eine Universität für Obstforschung. Später stiftete von Lade die Villa Monrepos mit

ihren zahlreichen Mustergärten und seltenen Pflanzen der Stadt. Zwei Jahre später stattete Kaiser Wilhelm II. der Villa einen Besuch ab. Heute ist die Lehr- und Forschungsanstalt ein international renommiertes Ausbildungsinstitut. *Rüdesheimer Str. 5*

ESSEN & TRINKEN

INSIDER TIPP ▶ BOOTSHAUS ☼

Deutsch-griechische Küche mit Garten direkt an der Rheinpromenade. *Tgl. | Am Rheinufer | Tel. 06722 71 03 27 | www.bootshaus-geisenheim.de | €*

CAFÉ AM DOM

Treff für Studenten und alteingesessene Geisenheimer, bei warmem Wetter auch sehr schön im Freien und mit Blick auf den Domplatz. Neben Kaffee & Co. auch schmackhafte kleinere Gerichte. *Tgl. 9–19 Uhr | Bischof-Blum-Platz 8 | Tel. 06722 4 02 52 38 | www.patisserie-pretzel.de | €*

METEORA

Seit 30 Jahren am Platz: Der „Grieche von Geisenheim" bietet Gyros, Souvlaki vom Holzkohlengrill und andere Klassiker, dazu gute Weiß- und Rotweine, Desserts und griechischen Mokka. *Di geschl. | Rüdesheimer Str. 38–40 | Tel. 06722 5 05 70 | €–€€*

EINKAUFEN

ENGLISH GALLERY

Schmuck, Mode und Wohnen – um diese Themen rankt sich das Angebot der in einem entzückenden Fachwerkhaus untergebrachten Galerie. *Römerberg 2–3*

FREIZEIT & SPORT

WEINLEHRPFAD GEISENHEIM

Am Bischof-Blum-Platz beginnt ein etwa 4 km langer Wanderweg, der über den Lindenplatz am Rathaus vorbei und durch den Park der Forschungsanstalt in die Weinlagen am Rothenberg führt. Dort erklären Schilder auf anschauliche Weise den Anbau und die Verarbeitung des Weins.

ÜBERNACHTEN

CAMPINGPLATZ

Günstig und in schöner Lage, nämlich unmittelbar am Rheinufer: Der großzügige Platz bietet 350 Stellplätze für Wohnmobile. Zur Anlage gehört das ganzjährig

---

★ **Kloster Marienthal**
Kontrast zum glamourösen Rheingau: ein von Mönchen bewohntes Wallfahrtsziel
→ S. 68

★ **Schloss Johannisberg**
900 Jahre Weinbaugeschichte, wunderschön präsentiert – und einen Gutsausschank gibt es obendrein → S. 70

★ **Kabinenseilbahn Rüdesheim**
Der Rhein und die Pracht der Altstadt von oben → S. 72

★ **Niederwalddenkmal**
Die beste Aussicht auf das Rheintal → S. 72

★ **Rheingauer Weinmuseum Brömserburg in Rüdesheim**
Faszinierendes Weinmuseum in einer mittelalterlichen Burg
→ S. 73

★ **Rüdesheimer Schloss**
Wohnen Sie in einem bald 300 Jahre alten Bauwerk → S. 77

MARCO POLO HIGHLIGHTS

geöffnete Lokal *Rheingau-Pavillon. Nov.– Feb. geschl. | Am Rheinufer 1 | Tel. 06722 7 56 00 | www.rheingaucamping.de*

GÄSTEZIMMER SCHLOSS SCHÖNBORN

Klassisch-modern und luxuriös: Die beiden Gästezimmer dieses Kleinods der hiesigen Renaissancearchitektur aus

Tel. 06722 9 96 00 | www.waldhotel-rheingau.de | €€

STÄDTISCHES VERKEHRSAMT
Rüdesheimer Str. 48 | Tel. 06722 70 10 | www.geisenheim.de

Kloster Marienthal: ein Pilgerziel im ganz ursprünglichen Sinn des Wortes

dem 16. Jh. tragen Designerhandschrift und persönliche Note. *Winkeler Str. 64 | Tel. 06722 7 53 75 | www.rheingau-exklusiv.de | €€€*

AKZENT WALDHOTEL RHEINGAU

In romantischer Waldlage unweit des Klosters Marienthal thront das weiße Gebäude des Hotels vor grüner Kulisse. Die Zimmer mit Balkon sind auch als Familienzimmer mit Verbindungstür geeignet. Auch Schwimmbad und eine Sauna sind vorhanden. *60 Zi. | Marienthaler Str. 20 |*

KLOSTER MARIENTHAL ★
(115 E5) (ⓜ E8)
In Stille und Schönheit der Natur ruht das Franziskanerkloster Marienthal 4 km nördlich von Geisenheim umgeben von den Wäldern des Elsterbachtals. Nach einer wundersamen Heilung vor dem in Holz geschnitzten Marienbild (das noch heute den größten Schatz des Klosters darstellt) errichtete man eine Kirche, die 1330 geweiht wurde. Der bis ins 18. Jh.

u. a. von Jesuiten geleitete Wallfahrtsort wurde von Franziskanern übernommen, die danach trachten, ihr Leben nach den Lehren des hl. Franz von Assisi auszurichten. Zu den täglichen Gottesdiensten in der Kapelle *(6.30, 12 und 18 Uhr)* sowie sonntags in der Wallfahrtskirche *(8.30, 10.30 und 14.30 Uhr)* sind Besucher gern gesehen. Bei schönem Wetter und an Wallfahrtstagen versammeln sich die Pilger auf dem großen Platz hinter der Kirche für einen Gottesdienst im Freien. *www. franziskaner-marienthal.de*

STEPHANSHAUSEN (115 E4) (*E7*)
Der Erholungsort liegt 12 km nördlich geschützt in einer Talsenke, umgeben von Wäldern und landwirtschaftlich genutzten Feldern. Von Stephanshausen (2000 Ew.) aus lassen sich zahlreiche schöne Wanderungen unternehmen, beispielsweise auf einem Teilstück des Rheinhöhenwegs, der durch den Ort verläuft und zur Hallgartener Zange führt. Der Hin- und Rückweg beträgt 10 km, vom Dorfgemeinschaftshaus an der Hauptstraße ist der Rheinhöhenweg ausgeschildert. Folgt man dem mit „R" bezeichneten Weg, gelangt man zum Naturdenkmal *Grauer Stein,* Felsblöcken, die bis zu 10 m in die Höhe reichen. Nach weiteren 3 km ist die *Hallgartener Zange* erreicht. Will man ein paar Tage auf den Höhen des Rheingaus verbringen, empfiehlt sich als Unterkunft das *Landhotel Lietz* (15 Zi. | Brühlstr. 2–4 | Tel. 06722 7 50 00 | www.landhotel-lietz.de | €–€€).

JOHANNIS-BERG

(115 E–F5) (*E8*) Der Weinort (3000 Ew.) oberhalb von Geisenheim fasziniert als architektonisches Kleinod.

Historische Weingüter, eine zum Hotel umgebaute Burg und das Johannisberger Schloss prägen die Atmosphäre. „Könnte ich Berge versetzen", so notierte einst Heinrich Heine, „der Johannesberg wäre just derjenige Berg, den ich mir überall nachkommen ließe." Die schönere Anfahrt führt über Oestrich-Winkel, vorbei an Weinbergen; gleich linker Hand am Ortseingang passiert man die von Pappeln gesäumte Auffahrt zum Johannisberger Schloss.

In Johannisberg wurde Weingeschichte geschrieben: 1858 las man hier erstmals Eiswein. Er wird aus sehr reifen Trauben gekeltert, die durch frühen Frost gefroren sind, was hohe Öchslegrade und eine schwere Süße ergibt. Darüber hinaus gilt Johannisberg auch als Geburtsort der Spätlese: Im Herbst des Jahres 1775, so berichtet die Chronik, verspätete sich der Reiter, der als Kurier die in Fulda erteilte Weinleseerlaubnis überbringen sollte. Erstmals wurden daher schon von Fäulnis befallene Trauben gelesen – was sich bald darauf als Glücksfall für die Qualität des Weins erweisen sollte. Jenes Jahr war der Beginn der Prädikatsweinerzeugung. Im Hof des Schlosses Johannisberg ist dem Spätlesereiter ein Denkmal gesetzt worden.

SEHENSWERTES

RUINE SCHWARZENSTEIN
Malerischer Verfall kennzeichnet die Burgruine Schwarzenstein, doch der äußere Eindruck täuscht: Hinter der Fassade der im Zeichen der Rheinromantik in den Siebzigerjahren des 19. Jhs. als künstliche Ruine (!) erbauten Burg verbirgt sich ein komfortables Hotel mit feinem Restaurant. Neben einem zinnenbewehrten Rundturm erstrecken sich eine lange, verglaste Veranda mit Fenstern im gotischen Stil sowie ein Salon.

Seit Jahrhunderten eine Hochburg des Weinbaus: Schloss Johannisberg

Ein kleiner Park rundet das schöne Ensemble ab. *Rosengasse 32*

SCHLOSS JOHANNISBERG ★

Das weitläufige, aus mehreren Trakten bestehende Bauwerk wurde 1106 von Benediktinern als Kloster gegründet, die hier viele Jahrhunderte lang Weinbau betrieben. Mit dem Erwerb des Klosters durch die Fuldaer Fürstabtei 1716 begann eine Phase des häufigen Besitzerwechsels. Beim Wiener Kongress fiel es an Österreich und Kaiser Franz I. Dieser vermachte das Anwesen 1816 seinem Staatskanzler Clemens Wenzel Lothar Fürst von Metternich-Winneburg und damit einer Familie, in deren Besitz sich Schloss Johannisberg noch heute befindet.
Nach größeren Zerstörungen während des Zweiten Weltkriegs wurde das Bauwerk ab 1954 in großen Teilen neu aufgebaut. Architektonisches Vorbild war weniger der Klassizismus, nach dessen Idealen noch zu Beginn des 19. Jhs. umgebaut wurde, sondern das ursprüngliche Aussehen des Klosters. Im Zentrum des Besuchs steht die Vinothek, das *Wein-Cabinet (Mo–Fr 10–13 und 14–18, Sa/So 11–17, Mai–Sept. bis 19 Uhr). Schlossallee | www.schloss-johannisberg.de*

ESSEN & TRINKEN

BURG SCHWARZENSTEIN

Das Gourmetrestaurant der Burg residiert in einem architektonisch modern und puristisch gestalten Pavillon, das Rheintal zu seinen Füßen. Dazu kreiert Sternekoch Sven Messerschmidt französische Küche – eine der schönsten Adressen für einen besonderen Abend. *Mo/Di geschl. | Rosengasse 32 | Tel. 06722 9 95 00 | www.burg-schwarzenstein.de | €€€*

GUTSSCHÄNKE
SCHLOSS JOHANNISBERG ☼

Im Sommer bietet die Gutsschänke des Schlosses Sitzplätze im Freien mit Blick auf Weinberge und Rhein. „Johannisberger Winzerschmaus" und Garnelen auf Weißweinrisotto – das Gutsrestaurant steht für beste Küche – und von der Wintergartenterrasse reicht der Panoramablick zum Rhein. Dazu gibt es ein reichhaltiges Angebot an Weinen des Schlosses. *Tgl. | Schlossallee | Tel. 06722 9 60 90 | €–€€€*

HANKA

Die Stimmung ist hervorragend, der Geräuschpegel beträchtlich: Stets gut besucht ist die stilvolle, wohlbekannte Gutsschenke, die Alteingesessenen ebenso gefällt wie Besuchern. Die Küche serviert deftige Kleinigkeiten. Nur von Ende Oktober bis Mitte November und von Januar bis Mitte Februar geöffnet! *Mittags und Mo/Di geschl. | Grund 41 | Tel. 06722 88 79 | www.weingut-hanka.de | €*

INSIDER TIPP ▶ **WEINGUT SCHLEIFMÜHLE**

Das Richtige für einen heißen Sommerabend: Die Waldschenke ist nach Sonnenuntergang romantisch beleuchtet und auch das Angebot stimmt: Hausmannskost und dazu ein Rheingauer Riesling. *Juni–Sept. Di–Do und Sa ab 16, So ab 15 Uhr | Marienthal, Höllenweg (K 984 von Kloster Marienthal nach Johannisberg) | Tel. 06722 81 22 | €*

EINKAUFEN

WEINGUT PRINZ VON HESSEN

Probieren und kaufen in einem der großen Weingüter der Region. Auf etwa 50 ha werden in 17 Lagen Riesling und Spätburgunder angebaut. Neben den Weinen „Landgraf von Hessen" wird der Sekt „Kurhessen" sowie „Alter Riesling Weinbrand" produziert. *Mo–Fr 9–17, Sa 11–16 Uhr | Grund 1 | www.prinz-von-hessen.de*

FREIZEIT & SPORT

MÜHLENWANDERWEG

Der Rundwanderweg (5 km) zwischen Johannisberg und Marienthal führt entlang des Elsterbachs zu fünf historischen Mühlen des 14. und 15. Jhs., in denen heute Gutsschenken und Straußwirtschaften betrieben werden. Start ist die Schamari-Mühle, von wo es bis zur Schleifmühle geht.

ÜBERNACHTEN

BURG SCHWARZENSTEIN ☼

Nach aufwendigen Umbauarbeiten wurde das Hotel wieder geöffnet. Ein herrlicher Blick über das Rheintal erfreut die Gäste. Das Haus der Relais-&-Châteaux-Kette bietet Zimmer in unterschiedlichen Preiskategorien in Burg, Gästehaus und Parkresidenz, umgeben vom weitläufigen Park und mediterranen Gewächsen. *39 Zi. | Rosengasse 32 | Tel. 06722 9 95 00 | www.burg-schwarzenstein.de | €€€*

KLOSTER JOHANNISBERG

Ob asketische Pilgerzimmer mit Badezimmer auf dem Flur, schlicht-elegante Kloster- oder stilvolle Klassikzimmer, teils sogar mit Erker und Blick auf die Weinberge: Das 150 Jahre alte ehemalige Benediktinerinnenkloster ist sehr zu empfehlen. Auch das Restaurant spiegelt klösterlich-puristisches Ambiente wider und bereitet vorzügliche Gerichte zu. Im Sommer genießt man diese wahlweise auf der großen Terrasse oder im Klostergarten. *42 Zi. | Badpfad 1 | Tel. 06722 49 79 10 | www.kloster-johannisberg.de | €€*

HAUS NEUGEBAUER

In Sonnenlage oberhalb von Johannisberg im Wald. Von der wunderschönen Terrasse des zu Anfang des 20. Jhs. als Internat errichteten Gebäudes schaut man auf gepflegte Gärten und Wälder. Der Rheinsteig führt direkt am Hotel vorbei. *20 Zi. | 1 km nördl. Richtung Stephanshausen | Tel. 06722 9 60 50 | www. hotel-neugebauer.de | €€*

RÜDESHEIM

(115 D−E6) (*M E8*) Mit dem Slogan „144 Meter Lebensfreude" kennzeichnet die Stadt ihre berühmteste Attraktion, die in aller Welt bekannte Drosselgasse. Tatsächlich gehört Rüdesheim (7000 Ew.), gemessen an seiner Einwohnerzahl, zu den Orten mit den meisten Besuchern in Deutschland. Das Zentrum der Rheinromantik inspirierte einst Dichter und Musiker. So komponierte Johannes Brahms in Rüdesheim, während er der Fertigstellung des Niederwalddenkmals beiwohnte, seine Dritte Sinfonie.

Auch in kultureller Hinsicht hat der bekannteste Ort des Rheingaus einiges vorzuweisen, darunter historische Adelshöfe in der Oberstraße und mit dem Adlerturm in der Grabenstraße ein Relikt der alten Stadtmauer und Befestigungsanlage aus dem 15. Jh. Und die Brömserburg ist eine der ältesten Rheinburgen der Region. Die Gastronomie ist so vielseitig wie kaum sonst irgendwo im Rheingau. In den Restaurants, Kneipen und Straußwirtschaften finden immer wieder musikalische Livedarbietungen statt. Die touristisch ausgerichteten Geschäfte haben auch sonntags geöffnet.

Beschaulich ist die Stimmung im oberhalb von Rüdesheim inmitten von Weinbergen gelegenen Ortsteil Eibingen. Auch hier locken zahlreiche Gasthöfe und

Winzerstuben zur Einkehr. Berühmt wurde der Ort als Wirkungsstätte der hl. Hildegard von Bingen, die hier 1165 ein Kloster gründete.

SEHENSWERTES

KABINENSEILBAHN ⭐ ● 〜

Gemächlich schweben die Gondeln über die Weinberge hinauf zum Niederwalddenkmal. Belohnt wird man mit einem herrlichen Blick auf die Rüdesheimer Altstadt und den Rhein. Ein Kombiticket *(7 Euro)* verbindet die Fahrt von Rüdesheim zum Denkmal und die Rückfahrt von oben mit dem Sessellift nach Assmannshausen (oder umgekehrt). Mit dem Ringticket *(11 Euro)* ist auch die Rückfahrt mit dem Schiff von Assmannshausen nach Rüdesheim inbegriffen. Zu bestimmten Terminen werden auch Nachtfahrten angeboten. *April–Okt. tgl. 9.30–17/18/19 Uhr | Oberstr. 37 | Hin- und Rückfahrt 6,50 Euro | www.seilbahn-rue desheim.de*

MITTELALTERLICHES FOLTERMUSEUM

Historische Sozialgeschichte dokumentiert anschaulich diese Ausstellung zur Entwicklung des europäischen Rechts vom dunkelsten Mittelalter und den Hexenprozessen bis zur Jetztzeit. Chroniken, Drucke und Radierungen zeigen blutige Folter, die in historischen Kellergewölben auf über 1000 m² ausgestellten Gerätschaften führen vor Augen, mit welchen Mitteln die „Wahrheit" gesucht wurde. *Ostern–Okt. tgl. 10–18, Nov.–Ostern Sa/ So 13–17 Uhr | 5 Euro | Oberstr. 49–51 | www.foltermuseum.com*

NIEDERWALDDENKMAL ⭐

Weithin sichtbar thront über dem Südhang des Niederwalds das Nationaldenkmal der Germania, 1877–83 erbaut „zur Erinnerung an die einmütige siegreiche

„144 Meter Lebensfreude": die legendäre Drosselgasse in Rüdesheim

Erhebung des Deutschen Volkes und an die Wiederaufrichtung des Deutschen Reiches" nach dem Deutsch-Französischen Krieg 1870/71. Die etwa 12 m hohe und 32 t schwere Germania trägt die Kaiserkrone in der rechten und das Reichsschwert in der linken Hand. Von der großen 🌊 Terrasse am Sockel des Denkmals öffnet sich ein Panoramablick auf das Rheintal. Nicht wenige Besucher kommen mit der Seilbahn von Rüdesheim herauf. Einen Besuch lohnt die nahe *Adlerwarte (Mai–Okt. tgl. 10–17 Uhr | 3,50 Euro | www.adlerwarte-niederwald.de),* in der Sie zahlreiche heimische Greifvögel zu Gesicht bekommen und

Interessantes über Aufzucht und Jagdgewohnheiten der Tiere erfahren.

RHEINGAUER WEINMUSEUM BRÖMSERBURG ⭐ ●

Unmittelbar am Rhein wurde um das Jahr 1000 auf den Fundamenten eines römischen Forts die Brömserburg gebaut, Sitz des Rüdesheimer Geschlechts der Brömser. Im Gästebuch finden Sie Einträge u. a. von Johann Wolfgang von Goethe, Heinrich Heine, den Brüdern Grimm und von Felix Mendelssohn-Bartholdy. Heute befindet sich in der Burg die älteste Sammlung von Objekten zur Weinerzeugung und zum Weingenuss: historische Weinpressen, Weingläser aller bedeutsamen Stilepochen etc. – mehr als 2000 Exponate sind in zwölf Räumen ausgestellt. *März–Okt. tgl. 10–18 Uhr | 5 Euro | Rheinstr. 2 | www.rheingauer-wein museum.de*

Ende der Sechzigerjahre das erste Fachmuseum dieser Art in Deutschland. Es ist untergebracht im historischen Brömserhof, einem hohen Fachwerkturm aus dem 15. Jh., der von drei kleineren Türmen gekrönt wird. *März–Dez. tgl. 10–18*

Spieluhren und mehr: Siegfrieds Mechanisches Musikkabinett

SIEGFRIEDS MECHANISCHES MUSIKKABINETT ●

Datenspeicher-Musikinstrumente aus drei Jahrhunderten: Eine beeindruckende Sammlung selbst spielender Instrumente von der Spieluhr bis zum Konzertpianoorchestrion trug Siegfried Wendel über Jahre zusammen und eröffnete

Uhr | 6 Euro | Oberstr. 29 | www.sieg frieds-musikkabinett.de

WINZEREXPRESS

Besichtigungsfahrten mit dem Rüdesheimer Winzerexpress führen durch die Weinbergslagen. Haltestelle ist in der Fußgängerzone Oberstraße vor Siegfrieds

Musikkabinett. *Tgl. 11–18 Uhr | 5 Euro | www.winzerexpress.de*

ESSEN & TRINKEN

BOLLESJE
Erlebnislokal mit Animation und Kerkeratmosphäre im ehemaligen Gefängnis. Den Gästen gefällt's, auch das Gefangenenessen mit Löffel statt Besteck. *Tgl. | Oberstr. 30–32 | Tel. 06722 4 75 52 | www. bollesje.de | €€*

EIBINGER ZEHNTHOF ⚜
Über den Dächern von Eibingen und mit Blick auf die andere Rheinseite: In der Atmosphäre des von 1506 stammenden Zehnthofs trinkt man einen Schoppen im spätgotischen Rathauskeller oder im modernen Gutsausschank. Einzigartig ist der Gewölbekeller. Auf den Teller kommen Gerichte der Saison. *Mo/Di geschl. | Eibinger Oberstr. 15 | Tel. 06722 27 55 | www. eibinger-zehnthof.de | €*

LINDENWIRT
Wenn schon Drosselgasse, dann muss es auch der Lindenwirt sein. Die Rüdesheimer Institution, die sich selbst – keineswegs übertreibend – als „Herz der Drosselgasse" sieht, bietet in ihrem Weinrestaurant Platz für 250 Personen. *Tgl. | Drosselgasse | Tel. 06722 91 30 | www.lindenwirt.com | €€*

RATSSTUBE
Gediegenes Altstadtrestaurant mit Terrasse in der Fußgängerzone. Zu den Spezialitäten der umfangreichen Speisekarte gehören frisch zubereitete Flammkuchen. *Tgl. | Marktstr. 26 | Tel. 06722 34 61 | www. ratsstube-ruedesheim.de | €€*

STADT FRANKFURT
Beliebte gutbürgerliche Küche (Schnitzel, Spießbraten, Wildgerichte) zu moderaten Preisen. Mit Terrasse vor dem historischen Gebäude. *Tgl. | Marktstr. 30 | Tel. 06722 23 69 | www.restaurant-stadt-frank furt.de | €–€€*

EINKAUFEN

KÄTHE WOHLFAHRT
Das ganze Jahr über Weihnachten: Alles dreht sich hier um das größte Fest des Jahres, und wer glaubt, an eine Tanne könne man nur Kugeln hängen, bekommt hier 1001 Inspiration. Daneben gibt es die in Handarbeit hergestellten Klassiker (Krippenfiguren, Weihnachtspyramiden, Räuchermännchen, Nussknacker). *Oberstr. 35 | www.kaethewohlfahrt.de*

FREIZEIT & SPORT

KÖLN-DÜSSELDORFER
14 große Schiffe bedienen unterschiedliche Strecken, besonders schön ist die „Nostalgieroute" mit dem Schaufelraddampfer von Rüdesheim nach Koblenz (Mai–Okt.). Mehrmals täglich geht es in der Hauptsaison zur Loreley. *Tickets bei der Agentur Rüdesheim (Tel. 06722 38 08) oder im Tourist Center | www.k-d.com*

RHEINFÄHRE
Auto- und Personenfähren verkehren zwischen Rüdesheim und Bingen alle 20 Minuten. *Tgl. 6–21 Uhr*

RHEIN-HELI-RUNDFLÜGE
Das Welterbe aus der Luft: Zu ausgewählten Terminen werden Rundflüge über den Rhein veranstaltet. *55–140 Euro/Person | Tel. 06722 25 18 | www.rheinheli.de*

AM ABEND

Bis in die frühen Morgenstunden herrscht lebhafter Betrieb in den Kneipen und Weinstuben der Drosselgasse.

GNOOM

Laut, dunkel, voll: Generationen von Schülern und Studenten zog es am Wochenende die Treppen hinunter ins Gnoom. In die Jahre gekommen, aber noch immer in, auch nach bald vier Jahrzehnten, ist die Diskothek Kult. Viele Liveevents. *Fr/Sa 21–5 Uhr | Rheinstr. 10 | www.gnoom4ever.de*

HAJOS IRISH PUB

Treffpunkt für Studenten der Fachhochschule, wechselndes Livemusikprogramm. *Tgl. ab 11 Uhr | Rheinstr. 10 | www.hajos.de*

LOW BUDG€T

▶ Die Schiffe der Köln-Düsseldorfer bieten für Familien ein Rückfahrticket im gesamten Netz für 53 Euro. Und jeder Fahrgast erhält an seinem Geburtstag ein kostenloses Ticket für eine Linienfahrt. *www.k-d.de*

▶ Die Stadt Geisenheim bietet von April bis Oktober am letzten Samstag im Monat kostenlose Stadtführungen an. Treffpunkt ist um 15 Uhr an der Linde vor dem Rathaus. Im Anschluss ist eine kostenlose Weinprobe bei einem Winzer möglich. *www.geisenheim.de*

▶ Im ● Asbach Besucher-Center *(März–Dez. Di–Sa 9–17 Uhr | Ingelheimer Str. 4 | www.asbach.de)* in Rüdesheim dürfen Besucher einen Asbach Uralt verkosten und mit Weinbrand veredelte Süßigkeiten naschen. Dazu gibt es eine Multivisionsschau und Einblick in die Destillerie. Der Besuch ist kostenlos!

QUETSCHKOMMOD

Ältere Semester mögen die Livemusik, häufig aus den Siebziger- und Achtzigerjahren. Im Sommer tagt man im Biergarten, wenn es kalt wird im Wintergarten am Kaminofen. *April–Dez. tgl. 12–2 Uhr | Drosselgasse | www.quetschkommod.de*

RÜDESHEIM BEI NACHT

Mit der Seilbahn zum Niederwalddenkmal, Sektempfang, Stadtführung in Rüdesheim, Mitternachtssüppchen: Im Tourist-Center gibt es ein Komplettpaket *(17,50 Euro)* zu ausgewählten Terminen zwischen Mai und September.

ÜBERNACHTEN

ZUM GRÜNEN KRANZ

Das 1826 gegründete Weingut an der alten Stadtmauer in der Rüdesheimer Altstadt bietet preisgünstige „Romantikarrangements" zu verschiedenen Zeiten im Jahr mit Übernachtung und Viergängemenü. Das Hotel betreibt auch einen Fahrradverleih und organisiert Radtouren. *30 Zi. | Oberstr. 42–44 | Tel. 06722 4 83 36 | www.gruenerkranz.com | €*

JAGDSCHLOSS NIEDERWALD

Nicht weit vom Niederwalddenkmal thront im hiesigen Naturpark das 1855–66 erbaute Jagdschloss des Herzogs von Nassau. Ganzjährig bespielbare Tennisplätze und ein ❄ Hallenbad mit Panoramablick auf die Natur. *52 Zi. | Niederwald 1 | Tel. 06722 7 10 60 | www.niederwald.de | €€*

INSIDER TIPP HOTEL LINDENWIRT

Etwas beengt, aber urig ist die Übernachtung im echten Weinfass. Rüdesheimer Katerloch oder Hallgartener Jungfer heißen die Fässer, in die zwei Betten eingebaut wurden; zwei kleine Fenster sorgen für Tageslicht. Mehr Komfort bieten die

Im Fass gelagert: Im Hotel Lindenwirt gilt das nicht für die Weine, sondern für die Gäste

normalen Zimmer des Hotels. *90 Zi. | Amselstr. 4 | Tel. 06722 9130 | www.lindenwirt.com | €€*

RÜDESHEIMER SCHLOSS ⭐ ❀

Vom Goethezimmer genießt man einen herrlichen Blick auf Weinberge und Baudenkmäler, die Turmsuite besitzt modernes Interieur und ein Himmelbett. Das Vier-Sterne-„Weinhotel" Rüdesheimer Schloss, 1729 vom Erzbischof zu Mainz erbaut, bietet neben individuell gestalteten Räumen ein stimmungsvolles Gewölberestaurant und ein kopfsteingepflastertes Schlossgartenrestaurant mit hohen Bäumen und einem Brunnen, flankiert von mehreren Fachwerkhäusern. *26 Zi. | Steingasse 10 | Tel. 07622 905 00 | www.ruedesheimer-schloss.com | €€–€€€*

HOTEL TRAUBE-AUMÜLLER

Ein hübsches Eckhaus am Rhein nicht weit von der Drosselgasse mit Schwimmbad, Sauna und Sonnenterrasse sowie mehreren Restaurants. *115 Zi. | Rheinstr. 6–9 | Tel. 06722 9140 | www.traube-aumueller.com | €€*

AUSKUNFT

RÜDESHEIM TOURIST AG
Rheingauhalle | Geisenheimer Str. 22 | Tel. 06722 90 6150 | www.ruedesheim.de

ZIELE IN DER UMGEBUNG

ASSMANNSHAUSEN (114 C5) (*D8*)

In eindrucksvoller Rheinlage 5 km westlich von Rüdesheim: Steile Weinberge, dicht bewaldete Höhenzüge, der silberblau glänzende Rhein und die Burg Rheinstein sind die beherrschenden Elemente. Der auf den Verwitterungsböden gedeihende Spätburgunder gehört zu den berühmtesten deutschen Weinen. Weithin bekannt ist das mit Türmchen und Erker geschmückte ● *Hotelrestaurant Krone (tgl. | Rheinuferstr. 10 | Tel. 06722 40 30 | www.hotel-krone.com | €€),*

Hoch oben von der Ruine Ehrenfels wirkt der Mäuseturm wie aus dem Baukasten

im 19. Jh. Treffpunkt deutscher Dichter. In der behaglichen Atmosphäre eichenholzgetäfelter Zimmer und Stübchen genießt man die vielfach prämierte Küche.

Rheinromantiker unternehmen eine 15-minütige Fahrt mit der ☙ *Sesselbahn (April–Okt. tgl. 10–17.30 Uhr | hin und zurück 6,50 Euro | www.seilbahn-assmannshausen.de)* zum Jagdschloss Niederwald: Die Altstadt von Assmannshausen, das Rheintal und die gegenüberliegende Burg Rheinstein liegen einem dann zu Füßen.

BURGRUINE EHRENFELS
(114 C6) (*[maps] D8*)

Die Ruine thront wenige Kilometer westlich von Rüdesheim hoch über dem Rhein zwischen Weinbergsteillagen – ein Lieblingsmotiv der Fotografen. Die 1220 vom damaligen Mainzer Erzbischof erbaute Burg war Teil eines Schlosses, das 1689 im Verlauf des 30-jährigen Kriegs niedergebrannt wurde. *1,5 km westl. des Niederwalddenkmals, zu erreichen über einen Fußweg oder über einen am Ende der Oberstr. abzweigenden Weg (ca. 2,5 km)*

LORCH (114 B3) (*[maps] C7*)

Das 13 km rheinabwärts zwischen Rüdesheim und Kaub gelegene Städtchen (4700 Ew.), durch das die hier in den Rhein mündende Wisper fließt, bietet im Stadtbild zahlreiche lohnende Entdeckungen. Man blickt zurück auf eine knapp 1000-jährige Weinbautradition. Sehenswert ist das 1548 am Rhein erbaute *Hilchenhaus.* Kräftige, den Erker tragende Säulen und dekorative Sandsteinbauteile prägen den bedeutenden Renaissancebau. Das Gebäude wird derzeit umfassend restauriert. Die zweischiffige gotische Pfarrkirche *St. Martin* besitzt einen aus 1483 stammenden, kunsthistorisch bedeutenden Hochaltar. Das *Städtische Verkehrsamt (am Rathaus, Markt 5 | Tel. 06726 1815 | www.lorch-*

rhein.de) hält Informationsmaterial und Broschüren bereit. Mediterrane Küche und eigene Weine findet man in der Gutsschenke des *Weinguts Ottes (Ende Feb.–Mitte Mai Fr ab 17, Sa/So ab 15 Uhr | Binger Weg 1a | Tel. 06726 83 00 83 | www.weingut-ottes.de).*

Ein herrlicher Ausflug führt von Lorch ins Wispertal; unterwegs laden zahlreiche (Rund-)Wanderwege zum Spazierengehen und Cafés und Restaurants zu einer stilvollen Pause ein. Empfehlenswert sind die *Kammerburg (Di und Weihnachten–Ostern geschl. | Im Wispertal 8 | Tel. 06726 94 15 | www.kammerburg.de | €€),* eine aus Natursteinen erbaute Villa, und die *Alte Villa (nur Ostern–Weihnachten So 11–18 Uhr | Tel. 06726 12 62 | www.al te-villa.net | €€),* ein unter dichten Bäumen im Wispertal verstecktes Café mit angeschlossener Kunstgalerie. Es lohnt sich, die Website zu besuchen, um rechtzeitig über geplante Konzerte und Kurse (u. a. Fotografie) informiert zu sein.

MÄUSETURM (114 C6) (*M D8*)

Die knapp 25 m hohe, auf dem Weg nach Assmannshausen etwa auf Höhe der Burgruine Ehrenfels im Rhein gelegene Turm wurde Anfang des 14. Jhs. als Wachturm der Zollburg Ehrenfels errichtet; der Name leitet sich ab von der Bezeichnung für Wegzoll (Maut). Der Mitte des 19. Jhs. wieder aufgebaute Turm diente den Rheinschiffen lange als Signalstation.

KLOSTER ST. HILDEGARDIS ●
(115 D5) (*M E8*)

Die Benediktinerinnenabtei oberhalb von Rüdesheim wurde 1904 gegründet. Die historischen Wurzeln des im neoromanischen Stil erbauten Klosters reichen zurück ins 12. Jh., als Hildegard von Bingen hier ein Kloster gründete. Noch heute leben die Schwestern in der Tradition der Heiligen. Die wissenschaftliche Beschäftigung mit dem Leben der Klostergründerin gehört ebenso zu ihren Aufgaben wie die Betreuung der Pilger und Wallfahrer, die auf den Spuren der hl. Hildegard das Kloster besuchen. Zu einem Gastaufenthalt und zu Exerzitien sind Besucher jederzeit willkommen.

Nach der Benediktusregel „Erst dann sind sie wahre Mönche, wenn sie von der Arbeit ihrer Hände leben" verdienen die Schwestern in klostereigenen Betrieben und Werkstätten ihren Lebensunterhalt und den Erhalt des Klosters. Im eigenen Weingut wird Weinbau betrieben (Riesling, Spätburgunder, Sekt, Klosterlikör). Im **INSIDER TIPP** Klosterladen verkaufen die Schwestern ausgesuchte Literatur, Kalender und Kerzen sowie Dinkelprodukte. *Klosterweg 1 | Eibingen | Tel. 06722 49 90 | www.abtei-st-hildegard.de*

SIEGESZUG EINER REBSORTE

Eine beliebte deutsche Weinsorte hört auf den etwas sperrig klingenden Namen Müller-Thurgau. Ihre Wiege steht im Rheingau: In der Lehr- und Forschungsanstalt Geisenheim kreuzte der Schweizer Professor Dr. Hermann Müller aus dem Kanton Thurgau 1882 die Rebsorten Riesling und Schweizer Gutedel und schuf so die Grundlage für einen Wein von angenehmer, zurückhaltender Säure. Heute wird diese unkomplizierte und robuste Rebsorte selbst im fernen Neuseeland angebaut.

TAUNUS

Kaiserin Elisabeth von Österreich, genannt Sissi, Theodor Fontane und Theodore Roosevelt gehörten zu den prominenten Besuchern der Taunusbäder.

Schon seit vier Jahrhunderten nutzen Kurgäste die heilsamen Quellwasser in der waldreichen Umgebung zwischen Rheingau und Taunus. Auf der Fahrt über die Bäderstraße passiert man die Kurstädte Wiesbaden, Schlangenbad, Bad Schwalbach und Bad Ems.

BAD SCHWALBACH

(116 C1) (💷 F6) Der größte Schatz des Orts kommt aus der Erde: kaltes, mit Kohlensäure versetztes Wasser, reich an Eisen, Magnesium und Kalzium.

Quellen prägten die Entwicklung des Orts Langenschwalbach zur Kurstadt (11000 Ew.). Mit der Entdeckung des Weinbrunnens und dessen Heilwirkungen begann 1569 der Aufstieg des Taunusstädtchens. Langenschwalbach wurde zu Bad Schwalbach und avancierte zum Modebad für gekrönte und ungekrönte Häupter. 1905 erfolgte, ganz in der Nähe des Kurparks, die Eröffnung des Moorbadehauses. Eine eigens auf einem anderthalb Kilometer langen Schienenweg errichtete Moorbahn transportierte den gesundheitsfördernden Moorschlamm aus den Moorgruben in die Stadtmitte. Erst 1991 wurde sie eingestellt und der Transport auf Lastwagen übertragen.

Bild: Kurhaus in Bad Schwalbach

Schlamm, Ziegenmilch und Molke: Wo Zaren und Grafen kurten, blüht heute das moderne Wellnessangebot

Dank der Aktivitäten des bald darauf gegründeten Bad Schwalbacher Kurbahnvereins ziehen die roten Waggons aber an Sonn- und Feiertagen zur Freude der Passagiere wieder ihre Runde.

„Beauty und Wellness" heißt das Angebot der Stadt, das zahlreiche Anwendungen umfasst. Ob Naturmoor- und Algenpackungen, Wassertreten in der Kneippanlage oder Bäder in Ziegenmilch: Bad Schwalbach verlassen die Besucher zumeist gesünder und auch eine Spur schöner, als sie gekommen sind.

SEHENSWERTES

ALLEESAAL

Das einstige Hotel de la Promenade war im 19. Jh. das Juwel des glanzvollen Kurorts – alle berühmten Kurgäste stiegen hier ab. Heute befindet sich in den restaurierten Gesellschaftsräumen die Kurverwaltung. *Am Kurpark 1 (Eingang Goetheplatz)*

KURBAHN

Die historische Moorbahn (heute allerdings in freundlichem Rot statt des früheren Anstrichs in moorigem Schwarz-braun) führt auf 600 mm Spurweite 1,3 km durch den Kurpark zur Moorgrube Gerstruthtal. *An ca. 10 Sonn- und Feierta-gen zwischen April und Okt. 10.30–17.20 Uhr etwa stdl. | 4 Euro hin und zurück | www.kurbahn-verein.de*

KURHAUS ★

Einem italienischen Palazzo ähnelt das zwischen 1873 und 1879 vom Wiesbade-ner Architekten Philipp Hoffmann im Stil der Renaissance errichtete Bauwerk. Im

Blätterdach der alten Bäume, im Herbst die farbenfrohe Laubfärbung und die vielen zahmen Eichhörnchen. Wenn es kalt wird, taucht Raureif alles in einen Wintertraum. Der Kurpark ist das ganze Jahr über bezaubernd. Am Eingang des Parks liegt das Stahlbadehaus, ein Bau-werk im klassizistischen Stil. Hier nimmt man die gesundheitsfördernden Kohlen-säurebäder. Das Wasser stammt vom Stahlbrunnen (im Landschaftspark gele-gen), dessen Wasser – wie der Name bereits andeutet – eine überaus hohe

Schätze und allerlei Kurioses zeigt das Apothekenmuseum von Bad Schwalbach

prunkvollen Rahmen des mit Stuck und Marmor gestalteten Großen Saals und sei-ner angrenzenden Räume finden heute kulturelle Veranstaltungen statt. *Zugäng-lich bei Veranstaltungen und im Rahmen einer Stadtführung | Goetheplatz 4*

KURPARK ★

Im Frühling leuchten Osterglocken und Narzissen, im Sommer erfreut das dichte

Eisenkonzentration aufweist. Die ge-pflegten Parkanlagen finden ihre Ergän-zung im angrenzenden Landschaftspark.

INSIDER TIPP KUR-STADT-APOTHEKEN-MUSEUM

Größter Schatz der liebevoll zusammen-getragenen Sammlung ist die rekonstru-ierte Adlerapotheke mit Verkaufsraum, Labor und Drogenkammer sowie ein paar Kuriositäten wie versilberten Tabletten für zahlungskräftige Kunden. Das Untergeschoss beherbergt das Stadtarchiv. *April–Okt. Mi–So, Nov.–März Mi, Sa, So 14–18 Uhr | 2 Euro | Pestalozzistr. 16 a | www.museum-bad-schwalbach.de*

MARTIN-LUTHER-KIRCHE
Die schlichte, 1492 erbaute Kirche zeigt die Stilelemente der Spätgotik. Sie gilt als ältestes Bauwerk der Stadt. Das Innere beherbergt aufwendige, auf Holz gefertigte Malereien. Die historische Orgel wurde 1846 von der berühmten Orgelbauerfamilie Stumm aus Rhaunen-Sulzbach gebaut. *Adolfstr. 145*

ROTENBURGER SCHLÖSSCHEN ★
Die große Fachwerkanlage umgibt einen wunderschönen Renaissanceinnenhof, von dem aus die Gestaltung der Wände besonders gut zu sehen ist. 1602–1604 erbaut, diente die Residenz den Landgrafen von Hessen-Rotenburg als Amts- und Sommersitz und beherbergt heute das Amtsgericht (und ist zu dessen Dienstzeiten öffentlich zugänglich). *Mo–Fr 9–12 und 13.30–15.30 Uhr | Am Kurpark 12*

ESSEN & TRINKEN

GOLFHAUS
Auch Gäste ohne Handicap können das Café und Restaurant besuchen, denn das Fachwerkhaus gehört nicht zu einem Golfplatz, sondern liegt im Kurpark zwischen Minigolfanlage und Waldsee. *Mo geschl. | Badweg 19 | Tel. 06124 26 67 | www.golfhaus-badschwalbach.de | €€*

CAFÉ WAGNER
Seit 140 Jahren werden Besucher hier umsorgt. Bei schönem Wetter werden auch draußen Tische gedeckt. Neben kleineren Gerichten große Auswahl an Patisserie und Kuchen (köstlich die Prei-

selbeertorte!); auch zum Mitnehmen eine gute Adresse. *Mo–Fr 14–18, Sa/So 11.30–18 Uhr | Brunnenstr. 41 | www.cafe wagner.de*

KUREN & WELLNESS

Das reichhaltige Angebot reicht von Honigmassagen zur „Harmonisierung der Aura" und Reinigungsbehandlungen bei unreiner Haut über die Cellulitebehandlung mit Schlick und Ganzkörperpeelings mit Meersalz und Sahne bis zu klassischen Moorbädern und -packungen. Wer seine Behandlung für den Dienstag oder Donnerstag vereinbart, spart bis zu einem Drittel der regulären Preise. *Tel. 06124 50 24 33*

FREIZEIT & SPORT

SKATEBAHN
Ob Skates, Skateboard oder BMX: Die städtische Bahn im Heimbachtal lockt

★ **Kurhaus in Bad Schwalbach**
Das Renaissancekurhaus knüpft an feudale Glanzzeiten an → S. 82

★ **Kurpark in Bad Schwalbach**
Der Park im Herzen der Kurstadt lädt zu Spaziergängen ein → S. 82

★ **Rotenburger Schlösschen in Bad Schwalbach**
Sehenswerter Fachwerkbau mit einem Innenhof aus der Renaissance → S. 83

★ **Thermalfreibad in Schlangenbad**
Jeden Tag neu wird das Becken in Schlangenbad mit Thermalwasser gefüllt → S. 86

MARCO POLO HIGHLIGHTS

mit Ramps und Quarterpipes. *Tgl. 8–13 und 15–20 Uhr | Zugang vom Parkplatz der Kreisverwaltung (Heimbacher Str. 7) oder auf einem Pfad von der Innenstadt*

AM ABEND

Der Veranstaltungskalender des Kurhauses ist reich bestückt. Auf dem Programm stehen Klavierkonzerte, Komödien, Musik- und Tanzshows. Termine unter *www. bad-schwalbach.de,* Kartenbestellung und -vorverkauf im Bürgerbüro (Rathaus) und in der Touristeninformation (Moorbadehaus), *Tel. 06124 50 24 33.*

ÜBERNACHTEN

EDEN PARC

Das Hotel im Bauhausstil besitzt eine beliebte Beautyfarm, die spezielle (Wochenend-)Arrangements anbietet, z. B. Ayurvedaprogramme. Auch medizinisch indizierte Behandlungen gehören zum Angebot. Die komfortablen Zimmer – teilweise mit Balkon zum Kurpark – und Suiten (60–100 m²) sind stilvoll, das Ambiente ist freundlich und persönlich. *93 Zi. | Goetheplatz 1 | Tel. 06124 70 40 | www.eden-parc.de | €€–€€€*

FÖHRENHOF

Eingebettet in dichten Wald liegt das gepflegte Anwesen. Den (Kur-)Gästen stehen behaglich eingerichtete Aufenthalts- und Fernsehräume, zwei Teeküchen und eine große, sonnige Terrasse zur Verfügung. *23 Zi. | Parkstr. 10 e | Tel. 06124 84 27 | www.hotel-foehrenhof.de | €*

PENSION HAUS AM WEIHER

Es muss nicht gleich eine Woche sein, aber mehrere Tage sollten Sie hier schon buchen, sonst lohnt sich der Aufwand nicht. Die Ein- und Zweizimmerapartments bestehen aus Wohn- und Schlaf-zimmer, Küchenecke, Flur und Bad, untergebracht in einem sympathischen älteren Haus in ruhiger, grüner Lage. *7 Zi. | Badweg 7 | Tel. 06124 82 97 | www. hausamweiher.de | €*

KAISERHOF

In freundlichem Sonnengelb strahlt das gegenüber dem Kurhaus gelegene Hotel mit beliebtem Restaurant und einer Weinstube. Die vielen Stammgäste schätzen auch die Sonnenterrasse und die regional ausgerichtete Küche. *30 Zi. | Goetheplatz 5–7 | Tel. 06124 40 61 | www. hotel-restaurant-kaiserhof.de | €€*

INSIDER TIPP VILLA HELENENHOF

„Schöner wohnen" in einer Jugendstil-villa am Kurpark. Rote Ledersofas, Schränke aus Myanmar und Batiken aus Thailand, Masken und Designerwaschtische in den Badezimmern. Für Gruppen ab zehn Personen sind japanische Teezeremonien, Sushipartys und exotische Kochkurse buchbar. *10 Zi. | Parkstr. 9 | Tel. 06124 40 45 | www.villa-helenenhof.de | €–€€*

AUSKUNFT

TOURISTENINFORMATION

Parkstr. 12 (Moorbadehaus) | Tel. 06124 50 24 33 | www.bad-schwalbach.de

ZIEL IN DER UMGEBUNG

RAMSCHIED (116 C1) (*⌀ F6*)

5 km westlich im idyllischen Wispertal liegt inmitten des Naturparks Rhein-Taunus dieses beschauliche Dörfchen. Zahlreiche Wanderwege führen am Fluss entlang und durch die Wälder, vorbei an Aussichtspunkten und weiteren kleinen Dörfern. Wer das heilsame Mittelgebirgsklima länger genießen möchte, quartiert sich im rustikalen *Gasthof Zum Wispertal*

(7 Zi. | Wisperstr. 1 | Tel. 06124 13 24 | www. zum-wispertal.de | €) ein. Das angeschlossene Restaurant serviert geräucherte Wisperforelle und im Herbst köstliche Wildgerichte.

SCHLANGEN-BAD

(117 D2–3) (⟋ G6) **Das hessische Staatsbad (1000 Ew.) liegt idyllisch im engen Tal der Walluf.**
Das Kurbad zieht seit mehr als drei Jahrhunderten Erholung suchende Gäste an, die die gepflegte und provinzielle Atmosphäre schätzen. Nachdem Schlangenbad 1693 als Staatsbad anerkannt war, entstand wenige Jahre später das erste Badehaus, vermutlich gespeist mit dem Wasser der sogenannten Römerquelle, die heute allerdings nicht mehr zugänglich ist.

Zwei mit zahlreichen prunkvollen Gebäuden bestandene Straßen und das Kurhotel bilden heute den Mittelpunkt. Entlang der Rheingauer Straße liegen Hotels und Pensionen für Kurgäste. Glanzpunkt der Schlangenbader Hotellerie und gesellschaftliches Zentrum des Orts ist das im Kurpark thronende Parkhotel. Im Sommer trifft man sich zu einem der vielen Freiluftkonzerte wie zum Tanzen oder bummelt durch den Park. Ausgedehnte Wanderwege führen durch die Taunuswälder.

Hervorragende Erfolge bei der Behandlung rheumatischer Erkrankungen hat man im modernen Zentrum für Rheumatologie, das deutschlandweit gerühmt wird. Wenig ansprechend ist leider der in den Siebzigerjahren errichtete Betonkasten der neuen Klinik. Hauptakteur bei vielen Behandlungen ist das Quellwasser: In Schlangenbad sprudelt es –

Im Kurpark thront pompös das Parkhotel Schlangenbad

höchst selten – warm (22–31 Grad) und „ohne alles" aus der Erde, nämlich ohne Härtegrade, ohne Mineralien, ohne gelöste Salze.

ESSEN & TRINKEN

CAFÉ WALZ
Seit 1892: Die Trüffelspezialitäten des Konditormeisters Peter Walz locken die Kundschaft auch aus den umliegenden Dörfern ins Café. Kurgäste nehmen gerne draußen Platz, genießen die beschauliche Lage des Hauses und die angebotenen Kuchen, Torten und Patisserien. *Tgl. 10–18 Uhr | Mühlstr. 16*

QUELLENSTÜBCHEN
Eines von drei Restaurants des Parkhotels. Beliebt bei Kurgästen, um einen Kaffee zu trinken oder im Sommer auf der Terrasse bei einem Bier mit anderen Besuchern ins Plaudern zu kommen. *Tgl. | Rheingauer Str. 47 | Tel. 06129 4 20 | www.parkhotel.net | €–€€*

SCHLANGENKELLER

Fleisch- und Fischgerichte nach gutbürgerlicher Tradition genießt man in der großen Gaststube. In der Pilsstube werden lokale Biere gezapft, auf der Terrasse vor dem Restaurant serviert man kleine Gerichte. *Tgl. | Rheingauer Str. 39 | Tel. 06129 2135 | www.restaurant-schlangen keller.de | €€*

EINKAUFEN

SCHLANGENAPOTHEKE

In der Apotheke von Tanja Sinzig wird die in der Region bekannte, wegen ihrer Heilerfolge bei Hautleiden berühmte Schlangenbader Hautcreme hergestellt. *Rheingauer Str. 27 | www.schlangen-apo theke.de*

LOW BUDG€T

▶ Kostenlose Kurparkführungen und Heilpflanzenwanderungen bietet das Verkehrsbüro Bad Schwalbach an. Ein Spaziergang (90 Min.) zur Geschichte der Stadt findet freitags um 15 Uhr ab Alleesaalgebäude statt. *Tel. 06124 50 24 34*

▶ Das *Wambacher Mühlenmuseum (tgl. 7–22 Uhr | Bäderstraße (B 260) | www.wambachermuehlenmuseum. de)* im Landgasthaus Wambacher Mühle, einem Ausflugslokal mit kleinem Hotel bei Schlangenbad, zeigt rund 500 Exponate rund um die Mühle mit zahlreichen historischen Schleifsteinen. Mühlenbau und -funktionsweise, Handwerkskunst, Schmiede, Schusterwerkstatt und Apothekenutensilien ergänzen die Ausstellung – und der Eintritt ist frei!

FREIZEIT & WELLNESS

AESKULAP THERME

Die zum Hallenbad gehörende Sauerstoff-Sole-Kabine *(20 Min. 5 Euro)* für zwei Personen bietet eine künstliche Meeresklimaatmosphäre. *Mo, Mi, Fr 11–21, Di, Do 11–18, Sa/So 9–21 Uhr | Rheingauer Str. 18 | 6 Euro | staatsbad.schlan genbad.de/thermalbaeder.html*

INA KOSMETIK

„Schönheit von Kopf bis Fuß" lautet die Devise des Salons. Neben kosmetischen Gesichts- und Körperbehandlungen werden auch „Schönheitswochen" angeboten, bei denen täglich neuen Problemzonen zu Leibe gerückt wird. *Mühlstr. 12 | Tel. 06129 25 67*

THERMALFREIBAD ★

Umgeben von alten Bäumen und weiten Grünflächen: 27 Grad warm und täglich frisch läuft das Thermalwasser ins Becken des Freibads, das bereits 1928 eröffnet wurde. Der säulengeschmückte Eingang erinnert an die damalige Epoche. Massageeinrichtungen erfreuen Erwachsene, für Kinder gibt es ein eigenes Becken. *Mai–Aug. tgl. 8–20, 2. April-Hälfte und Sept.–Mitte Okt. 11–18 Uhr | 6 Euro, ab 17 bzw. 15 Uhr 3,50 Euro | Nassauer Allee 1*

ÜBERNACHTEN

GRÜNER WALD

In günstiger Kurlage gegenüber dem Thermalhallenbad und mit Liegewiese, Sauna und Solarium. Im Restaurant *Bräustübl* serviert man Ihnen auf Wunsch Halb- oder Vollpension (auch Diätküche) auf der Terrasse und im Biergarten. Für Familien stehen oberhalb des Hauses in ruhiger Lage im angeschlossenen Gästehaus am Kurpark auch ein paar Zweizim-

Ob Hitze oder Hagel, Sonne oder Schnee: Im Thermalbad hat das Wasser angenehme 27 Grad

merapartments mit Küche zur Verfügung. *12 Zi. | Rheingauer Str. 33 | Tel. 06129 20 61 | www.gruener-wald-schlangenbad. de | €*

HAUS HAINBURG

Das aus Bruchsteinen im Stil einer neu-gotischen Villa errichtete Haus liegt in-mitten eines Parks oberhalb des Schlan-genbader Kurhauses am Waldrand. Zu den Ein- und Zweizimmerapartments gehört eine gut ausgestattete Küche. Lauschige Plätze gibt es im Garten, und für Kinder sind die Tischtennisplatte und der Spielplatz gedacht. Direkt am Haus führen zudem mehrere schöne Spazier- und Wanderwege vorbei. *5 Apartments | Omsstr. 2 | Tel. 06129 5 05 00 | www.haus hainburg.de | €*

RUSSISCHER HOF

Das große, familiär geführte Hotel liegt zentral gegenüber den Badeeinrichtun-gen. Ein reichhaltiges Frühstücksbuffet und nachmittags die hausgebackenen Kuchen in den Gasträumen erfreuen die Gäste. Mit eigenem Parkplatz. *21 Zi. | Rheingauer Str. 37 | Tel. 06129 5 06 70 | www.russischer-hof.de | €€*

SCHLANGENBADER HOF

Modernes, auf Erholung und Wellness spezialisiertes Hotel. Der Wellnessbe-reich bietet Sauna, ein sogenanntes Odo-rium (einen Duftinhalationsraum), Sola-rium, Aromadampfbad, Whirlpools, eine „Erlebnisdusche" und einen Fitnessbe-reich. *62 Zi. | Rheingauer Str. 7 | Tel. 06129 50 10 | www.schlangenbader-hof. de | €€*

AUSKUNFT

STAATSBAD SCHLANGENBAD

Rheingauer Str. 18 | Tel. 06129 48 50 | www.schlangenbad.de

AUSFLÜGE & TOUREN

Die Touren sind im Reiseatlas, in der Faltkarte und auf dem hinteren Umschlag grün markiert

1 RHEINGAUER RIESLING-RADWANDERWEG

Der 25 km lange Radweg von Walluf nach Rüdesheim verbindet die bekannten Weinlagen des Rheingaus. Eine Tagestour führt von Niederwalluf über Eltville, Kiedrich, Kloster Eberbach, Hallgarten, Oestrich-Winkel, Johannisberg und Geisenheim nach Rüdesheim. Der Weg ist leicht befahrbar, bei Regen jedoch an manchen Stellen schlammig, an anderen steinig.

In Niederwalluf → S. 50 beginnt die Beschilderung (R 3) am Rheinufer vor dem Gemeindehaus. Am Wochenende werden Radfahrer wegen der vielen Wanderer allerdings gebeten, bis vor Eltville den Radweg an der B 42 zu benutzen. Nahe-bei liegt auch die Fähre für Fußgänger und Radfahrer nach Budenheim auf der anderen Rheinseite.

Auf dem Leinpfad, teilweise Rheinuferpromenade, teilweise Rad- und Fußweg, führt der Weg zunächst nach Eltville. Auf der rechten Seite ist das Ufer steil, hier liegen die Parks und Gärten herrschaftlicher Häuser sowie bereits die ersten Weinparzellen. Nachdem Sie die Anlegestelle der Rheinschiffe passiert haben, ist der Platz von Montrichard in Eltville → S. 42 erreicht. Hier genießt man die schöne Rheinpromenade und nutzt die Gelegenheit zu einer Erfrischung. Anschließend geht es durch die Martinsgasse und die Marktstraße mit einigen der schönsten Häuser der Stadt und durch eine Fußgängerzone zur Landstra-

Bild: Rosengarten der Kurfürstlichen Burg in Eltville

Mit dem Fahrrad und zu Fuß über Hügel und Täler mit Blick auf den Rhein – und dazu ein Abstecher stromabwärts ins Mittelrheintal

ße nach Kiedrich. In der Ferne sehen Sie die Burgruine Scharfenstein aus dem 13. Jh. in die Höhe ragen. Die Straße überquert die B 42 und steigt dann 2 km leicht an, bis **Kiedrich → S. 52** erreicht ist. Hier fahren Sie am besten nicht – wie von der Beschilderung vorgesehen – geradeaus weiter Richtung Kloster Eberbach, sondern zweigen zunächst rechts ab in den Ort und fahren hinauf zum Marktplatz. Dort lohnen das hübsche Rathaus und die Kirche St. Valentinus einen Besuch.

Dann verlassen Sie Kiedrich am westlichen Ortsausgang. Nach 2 km tauchen in einer engen Kurve zwei Einfahrten zum **Kloster Eberbach → S. 56** auf; nimmt man die zweite, gelangt man direkt zum Garten der Klosterschenke. Nach Besichtigung des Klosters geht es, vorbei an der **Domäne Steinberg → S. 58**, wo sich meist ein Wein probieren lässt, hinab Richtung Hattenheim. Doch schon nach 500 m zweigt rechts ein geteerter Weg ab zur **Domäne Neuhof**, einem Ensemble höchst stilvoller historischer Gebäude,

Wenn doch „grau" immer so grün wäre: das Graue Haus in Oestrich-Winkel

die heute einen privaten Pferdestall beherbergen. Werfen Sie einen Blick in den hübschen Hof!

Der Radweg führt nun an der alten Mauer der Domäne und durch Hattenheimer Weinlagen am Südrand von Hallgarten entlang. Zum Ort gehört die schöne Siedlung Am Rebhang. Dort kann, wer die Tour auf zwei Tage ausdehnen will, im Hotel **Zum Rebhang** *(14 Zi. | Rebhangstr. 53 | Tel. 06723 2166 | www.hotel-zum-rebhang.de | €€)* übernachten.

Von Hallgarten geht es durch diverse Weinlagen hinunter nach **Oestrich-Winkel → S. 58**. Dort bietet sich die Besichtigung der St.-Ägidius-Basilika an. Der Radweg führt dann südlich von **Johannisberg** – man sieht das **Schloss → S. 70** in der Höhe liegen – durch Weinberge und am Nordrand der „Lindenstadt" **Geisenheim → S. 65** entlang nach **Rüdesheim → S. 72**. Dort können Sie samt Fahrrad in die Regionalbahn zurück nach Wiesbaden steigen.

2 UNTERWEGS IM MITTELRHEINTAL

Seit 2002 gehören die 65 Flusskilometer von Rüdesheim bis Koblenz, das obere Mittelrheintal, zu den gut 600 Einträgen, die die Unesco auf ihrer Liste „Welterbe der Menschheit" verzeichnet *(www.welterbe-oberes-mittelrheintal.de)*. Wer in der Region unterwegs ist, sollte nicht versäumen, auch den Rheinwindungen zu folgen, die nördlich von Lorch – hier endet der Rheingau – liegen. In den einzelnen Burgen am Rhein und im Tourist-Center von Rüdesheim erhält man ein Burgenticket (20 Euro), das in insgesamt zehn Burgen Eintritt gewährt.

Nachdem Sie **Lorch → S. 78** und den Stadtteil Lorchhausen passiert haben, befinden Sie sich im Bundesland Rheinland-Pfalz. Wenn bei Kaub die mächtige Burg **Pfalz im Rhein** (auch **Pfalzgrafenstein** genannt) in den Blickwinkel rückt, nähern Sie sich einem der schönsten Abschnitte des Flusstals. Einem weißen Ausflugsdampfer nicht ganz unähnlich, thront das Bauwerk inmitten des Flusses auf einer winzigen Felseninsel, genannt Falkenau. Die berühmte Pfalz im Rhein, auf ungezählten Kupferstichen vergangener Jahrhunderte verewigt, wurde Anfang des 14. Jhs. als Zollturm errichtet, der an sechs Seiten durch eine rund 12 m hohe Mauer mit umlaufendem Wehrgang und kleinen Rundtürmen an den Ecken befestigt wurde. Das heutige Aussehen stammt aus späteren Jahrhunderten; so entstand z. B. die barocke Turmhaube im 18. Jh. Das Dörfchen **Kaub** erhielt seinen Namen nach der Burg, die hoch über den Häusern zwischen den terrassierten Weinbergen thront. Seit dem 16. Jh. hat sich für die wehrhafte Anlage der Name **Gutenfels** eingebürgert. Heute wird in dem Bauwerk ein Hotel betrieben.

Gegenüber von Kaub liegt wenige Kilometer flussabwärts die **Ruine Schönburg** bei Oberwesel. Auf der rechten Rheinseite folgt bald der Felsen der **Loreley**, in vielen Sagen erwähnt, von Heinrich Heine in eine Ballade gefasst, die später auch zu einem Volkslied wurde: „Ich weiß nicht, was soll es bedeuten, dass ich so traurig bin, ein Märchen aus uralten Zeiten, das kommt mir nicht aus dem Sinn." 130 m ragt das Gestein über den Rhein, der sich an dieser Stelle stark verengt.

Es folgen **St. Goarshausen** und die hoch gelegene **Burg Katz**, 1371 von Graf Johann von Katzenelnbogen erbaut. Gegenüber erblickt man St. Goar und die Ruine Rheinfels. Weiter geht es zur **Burg Maus** aus dem 14. Jh. und kurz darauf in das Dörfchen **Kestert**. Es folgen die hoch oben thronenden Burgen **Sterrenberg** und **Liebenstein**. Die Bundesstraße führt weiter nach Kamp-Bornhofen und Filsen, wo der Rhein für wenige Kilometer eine starke Biegung nach Osten macht. Ein

weiterer Höhepunkt der Tour ist **Braubach**. Die dortige INSIDER TIPP **Marksburg** ist eine auf das frühe 13. Jh. zurückgehende Anlage. Eine Besichtigung ist auch für Familien mit kleineren Kindern interessant, da die Marksburg umfassend restauriert wurde und man überall sicher gehen kann.

In **Lahnstein**, hervorgegangen aus den beiden nördlich und südlich der Lahn liegenden Orten Nieder- und Oberlahnstein, liegt die als Wasserburg im Tal geplante **Martinsburg**, zu erkennen an ihrem dominanten, fast 30 m hohen Hauptturm an der Südseite der Anlage. Hoch oben über dem Lahntal thront **Burg Lahneck**, die um 1240 zur Sicherung eines Silberbergwerks angelegt wurde. Diverse Restaurierungen im Lauf der Jahrhunderte veränderten das Aussehen der Burg, deren reiche kunsthistorische Kollektionen eine Besichtigung lohnen.

Schließlich erreichen Sie **Koblenz**. Hier, an der Moselmündung, ist die mächtige Verteidigungsanlage **Ehrenbreitstein** ein weiterer kunsthistorischer Höhepunkt der Tour. Untergebracht sind in dem eindrucksvollen Bauwerk auch mehrere Museen sowie ein Café. Ausführliche Informationen finden Sie im MARCO POLO „Mosel".

3 AUF DER RHEINGAUER RIESLINGROUTE

Diese Tour von Wiesbaden-Biebrich nach Rüdesheim führt abseits der viel befahrenen B 42 durch die Rieslingweinlagen und im Zickzackkurs auch zu den kleinen Weinorten und den architektonischen, kulturellen und landschaftlichen Höhepunkten des Rheingaus. Wenn man sich nirgends zu lange aufhält, kann man die knapp 60 km an einem Tag bewältigen. Zu empfehlen ist es aber, sich mehr Zeit zu nehmen und eine Übernachtung einzuplanen.

Startet man im Wiesbadener Stadtteil **Biebrich → S. 34** am Rhein, dann fährt man auf der B 42 erst nach Schierstein und weiter nach **Niederwalluf → S. 50** und biegt danach von der Strecke nach Eltville rechts ab und fährt durch Oberwalluf zur Bäderstraße B 260. Diese führt zunächst nach **Martinsthal → S. 50**. Entlang der Haupt- und der Kirchstraße liegen die 1429 errichtete Kirche sowie zahlreiche historische Fachwerkhäuser. Zu den bemerkenswerten Exemplaren gehört das Hotel und **Weinhaus Zur Krone** *(Hauptstr. 27),* das unübersehbar an der Straßenkreuzung thront. Das Obergeschoss trägt üppiges Sichtfachwerk und weist zur Giebelseite hin einen Erker auf. Ein Abstecher (3 km) schlängelt sich von Martinsthal über Serpentinen hinauf nach ☘ **Rauenthal → S. 50**. Schmuckstück ist der INSIDER TIPP **Antoniushof**, ein 300-jähriges Fachwerkhaus und in der zehnten Generation Stammsitz der Winzerfamilie Russler. Gäste ihres **Gutsausschanks** *(Mo und Mi–Sa ab 15.30, So ab 12 Uhr | Antoniusgasse 11 | Tel. 06123 716 08 | www.weingut-antoniushof.de | €€)* kommen in den Genuss prämierter Riesling- und im Eichenholzfass ausgebauter Burgunderweine. Die Sitzplätze im schönen Garten sind stets gut besetzt. Anschließend verläuft eine kurze Strecke abwärts nach **Eltville → S. 42**, dessen Zentrum und Rheinpromenade einen ausgedehnten Spaziergang wert sind.

Von Eltville geht es über **Kiedrich → S. 52** zum **Kloster Eberbach → S. 56**, das eine ausführliche Besichtigung verdient. Eine Pause empfiehlt sich anschließend im Garten der Klosterschenke – es sei denn, Sie wollen im nächsten Ort **Hattenheim → S. 51** eines seiner drei Gourmetrestaurants besuchen. Hattenheim verlassen Sie westwärts und fahren hinauf zur **Hallgartener Zange → S. 63**. Dann geht es wieder hinunter und auf schmaler Durchgangsstraße durch die Orte **Oestrich** → S. 58, **Mittelheim** und **Winkel** → S. 58 am Rhein. Zum Schluss führt die Route von Winkel hinauf nach **Johannisberg** → S. 69, wieder hinunter nach **Geisenheim** → S. 65 und weiter nach **Rüdesheim** → S. 72, von wo Sie das **Niederwalddenkmal** → S. 72 auch mit dem Auto erreichen.

4 AUF DEM RHEINSTEIG DURCH DEN RHEINGAU

Der Fernwanderweg Rheinsteig führt hervorragend ausgeschildert rechtsrheinisch von Wiesbaden über Koblenz nach Bonn; 320 km durch Wälder und Weinberge, entlang an Bächen, vorbei an Burgen und Schlössern, Gasthöfen und Straußwirtschaften, fast immer mit wundervollem Ausblick auf den Rhein. Im Rheingau lockt die Etappe vom Kloster Eberbach zum Schloss Johannisberg. Rechnen Sie für die ca. 11 km vier Stunden.

Vom **Kloster Eberbach** → S. 56 (Bushaltestelle am zweiten Parkplatz, wenn man von Kiedrich kommt) kommen Sie nach einem zunächst steilen Aufstieg zu einer denkmalgeschützten, hervorragend restaurierten Mauer der **Domäne Steinberg** → S. 58. Durch ein Tor in der Mauer können Sie einen Blick auf die Weinberge der Domäne werfen. Dann führt der Weg am Waldrand entlang (Blick auf Hallgarten und den Rhein) und durch Wald zur Wegkreuzung „Unkenbaum", wo man noch die Reste einer 2001 vom Sturm gefällten, jahrhundertealten Eiche sieht. Nach Verlassen der Hallgartener Siedlung Am Rebhang zweigt der Weg rechts ab in den Wald. Man passiert die Festplatzanlage der Gemeinde Hallgarten, einfache Wochenendhütten und eine Schutzhütte am 330 m hohen **Susberg** mit Blick auf Hallgarten, Oestrich und

Verdiente Wanderpause: Bei Schloss Vollrads haben Sie's schon fast geschafft

den Rhein. Weiter gehts zum ehemaligen Jagdhaus Philippsburg aus dem Jahr 1900, heute nur noch überwachsene Ruinen. Nach Verlassen des Walds wandern Sie durch Weinberge, passieren am Pfingstbach **Kühns Mühle** (Weingut, Gutsausschank, Gästezimmer) und erreichen **Schloss Vollrads** → S. 60 mit Gelegenheit zu Einkehr und Verkostung: Ockergelb liegt dieses älteste Weingut Deutschlands am Weinhang; schon im 13. Jh. wurde hier Wein angebaut. Ein kurzer Abzweig vom Rheinsteig führt Sie schließlich zum von Riesling-Weinbergen umgebenen **Schloss Johannisberg** → S. 70.

Auf *www.rheinsteig.de* finden Sie eine Beschreibung der Etappen und einen Tourplaner. Wanderberichte versammelt der Blog *www.wanderreporter.de,* touristische Auskünfte erhalten Rheinsteigwanderer unter *Tel. (*) 01805 64 83 28.*

SPORT & AKTIVITÄTEN

Mit seiner vielseitigen Landschaft lädt der Rheingau vom zeitigen Frühjahr bis in den späten Herbst zu zahlreichen sportlichen Betätigungen im Freien ein.

ANGELN

In dem im Wald gelegenen, 5000 m² großen Birkensee fängt man Forellen, Welse, Barsche und Flusskrebse. Überzeugte Angler bleiben den ganzen Tag am See, andere buchen ein Vier-Stunden-Ticket. *Angelpark Birkensee | Taunusstein-Wehen (8 km östl. von Bad Schwalbach an der B 275) | Mitte März–Mitte Nov. Fr–So und Di 7–16, Mi 7–20 Uhr | gültiger Fischereiausweis erforderlich | Halbtageskarte (12–16 Uhr) 10 Euro, Tageskarte 17 Euro | www.angelpark-birkensee.de*

INLINESKATEN

Im August findet jedes Jahr mit **INSIDER TIPP** *Rhine on Skates (www.rhine-on-skates.de)* Deutschlands längste Inlinertour statt, die auf 135 km von Rüdesheim über Koblenz nach Bingen führt. An mehreren Wochenenden zwischen Mai und August werden in Wiesbaden *Skate-Nights (www.w-n-s.de)* veranstaltet, zu denen Hunderte von Skatern zusammenkommen, um ungestört von Autos durch die Innenstadt zu gleiten. Im Rheingau führt eine beliebte Skaterstrecke entlang einem asphaltierten Radweg parallel zur Landstraße vom Eltviller Ortsausgang nach Niederwalluf. Dort wendet man sich nach rechts zum Rheindamm, wo man am Vogelschutzgebiet entlang

---

Bild: auf dem Rheinsteig über Assmannshausen

Im, am oder auf dem Wasser: Mountainbiken, Segeln und Inlineskaten – oder eine klassische Dampferfahrt auf dem Rhein

und vorbei an Storchennestern Richtung Schiersteiner Hafen fährt.

KLETTERN

Im *Kletterwald Neroberg (Mitte März–Nov. Mi–Fr 13–20, Sa/So 9–20 Uhr | 3 Std. 19 Euro | Neroberg | Bus 1: Nerotal, dann Nerobergbahn | www.kletterwald-neroberg.de)* in Wiesbaden gibt es drei Übungs- und sieben große Parcours mit unterschiedlicher Höhe und Schwierigkeit. Gurt, Helm und Cowtails werden gestellt.

LAMATREKKING

An die 100 Lamas, Alpakas und Trampeltiere leben im *Lama- und Alpakahof Kisselmühle (Tel. 06723 8 73 60 | Schnuppertour 8 Euro, 2 Personen und 2 Lamas 99 Euro inkl. Verpflegung | www.kisselmuehle.de)* in einem kleinen Seitental hinter dem Kloster Eberbach. Die Züchter veranstalten unterschiedliche Trekkingtouren mit den Tieren, die das Gepäck tragen – und auf den Trampeltieren darf, wer unter 70 kg wiegt, auch reiten.

MOUNTAINBIKEN

Der hügelige Rheingau mit seinen vielen Waldwegen und schmalen Pisten zwischen den Weinlagen ist ein ideales Revier für Mountainbiker. Der Mountainbikeclub *Red Pulse (Aulhauser Str. 17 a | Rüdesheim | www.redpulse.de)* organisiert zahlreiche Events. Dazu zählt z. B. der im August stattfindende *Rheingauer Mountainbike Marathon* über 60 km und mit 1500 Höhenmetern, die größte Bikerschlacht im Rhein-Main-Gebiet.

NORDIC WALKING

Freunde des Nordic Walking können auf dem ● *Nature Fitness Park* im Nesselbachtal beim Kurpark von Bad Schwalbach ihrem Hobby auf ausgeschilderten Rundstrecken unterschiedlicher Schwierigkeitsgrade nachgehen. *www.naturefitnesspark.de*

RADFAHREN

Das hügelige Rheingauer Hinterland zieht vorwiegend sportliche und jüngere Radfahrer an. Eine Tour auf dem historischen Leinpfad am Rhein entlang ist dagegen weniger anstrengend. Mit der Regionalbahn gelangt man zum Bahnhof Wiesbaden-Schierstein am Rhein und radelt über Walluf am Fluss entlang nach Eltville (8 km). Bereits dort kann man mit dem Zug nach Wiesbaden zurückkehren. Aber auch die folgenden Orte am Rheingauer Rheinufer besitzen einen Bahnhof für die Rückfahrt mit dem Zug. Kartenmaterial gibt es in den Touristeninformationen, Fahrräder z. B. bei *Radkranz Rent a Bike (Oberstraße 55 | Tel. 06722 4 83 36 | www.rad-kranz.de)* in Rüdesheim. Ein Must für Radfahrer ist die Großveranstaltung *Tal Total (www.taltotal.de)* am letzten Wochenende im Juni: Dann wird auf beiden Seiten des Rheins die Bundesstraße von Rüdesheim bzw. Bingen bis Koblenz für Autos gesperrt.

REITEN

Von mehreren im Rheingau und in Wiesbaden ansässigen Reitvereinen ist das *Hofgut Adamstal (B 54 | Wiesbaden | Tel. 0611 52 54 58 | Bus 203, 274: Adamstal | www.hofgut-adamstal.de)* am ehesten für auswärtige Besucher geeignet und zugänglich.

SCHIFFSFAHRTEN

In fast allen Rheingauer Uferorten gibt es einen Anleger oder einen kleinen Hafen. Dort werden von Ostern bis September für 5 bis 20 Euro ● Schiffsrundfahrten von ein bis drei Stunden Dauer angeboten. *Bingen-Rüdesheimer Fahrgastschifffahrt | Rheinkai 10 | Bingen | Tel. 06721 14140 | www.bingen-ruedesheimer.com; Fahrgastschifffahrt van de Lücht | Hauptstr. 138 | Oestrich-Winkel | Tel. 06723 44 37 | www.charterliner.de; Köln-Düsseldorfer | Tel. 06722 38 08 | www.k-d.com*

SEGELN

Der Rhein ist ein anspruchsvolles Segelrevier: Die relativ starke Strömung und der dichte Schiffsverkehr fordern stetige Aufmerksamkeit. Vom *Segelclub Rheingau (SCR | Rheinufer | Walluf | Tel. 06123 99 05 05 | www.segelclub-rheingau.de)* und vom *Rüdesheimer Yachtclub (RYC | Am Rüdesheimer Hafen 1 | Tel. 06722 15 44 | www.rued-yc.de)* werden jährlich mehrere Regatten organisiert. Segelboote mieten kann man im Schiersteiner Hafen beim *Wassersportverein Schierstein (Christian-Bücher-Str. 18 | Wiesbaden | Tel. 0611 2 43 07 | Bus 5: Schierstein Rathaus | www.wvschierstein.de).*

RUNDTOUR MIT SEILBAHN, SESSELLIFT UND SCHIFF

Von Rüdesheim schwebt man mit kleinen Gondeln über die Weinberge zum Niederwalddenkmal. Von dort führt eine 2 km kurze Wanderung vorbei am Jagdschloss Niederwald (Hotel mit Restaurantterrasse) und an mehreren  Aussichtspunkten zu einem Sessellift, der Sie wieder hinunterbringt nach Assmannshausen. Von dort kehrt man mit dem Schiff zurück nach Rüdesheim. *11 Euro*

VOGELBEOBACHTUNG

Fünf Rheininseln bilden das Naturschutzgebiet Rheinauen, das Zugvögeln aus Skandinavien als Überwinterungsplatz dient. Die Rössler-Linie *(www.roesslerli nie.de)* bietet im Winter und Frühjahr *Beobachtungsfahrten (So 9.20 Uhr | 3½ Std. 10 Euro)* ab Rüdesheim *(Steg 16 ge genüber der Brömserburg)* an.

WANDERN

Mehrere Wanderwege durchziehen den Rheingau. Ambitionierte Wanderer können sich auf den *Rheinhöhenweg (www. rheinhoehenweg.de),* den *Hessenweg HW 7* oder den *Rheingauer Rieslingpfad* begeben. Die gute infrastrukturelle Erschließung ermöglicht es, auch kleinere Tagesetappen zurückzulegen. Unterwegs sorgen  Aussichtsplätze und zahlreiche Sehenswürdigkeiten für Abwechslung. Der 320 km lange *Rheinsteig* von Wiesbaden nach Bonn gilt als Flaggschiff der Weitwanderwege in Deutschland. Auf fast 60 km führt er durch den Rheingau. Startpunkt ist der Neroberg in Wiesbaden. Ausgerüstet mit Karten, folgt man den Markierungszeichen, einem weißen R auf blauem Grund. Der mitunter anstrengende Pfad belohnt Wanderer immer wieder mit wunderschönen Ausblicken und einem einzigartigen Natur- und Kulturerleben zwischen Schlangenbad, Kiedrich, Eltville, Oestrich-Winkel, Geisenheim, Rüdesheim und Lorch. Eine ausführlich beschriebene Etappe finden Sie im Kapitel Ausflüge & Touren. *www.rheinsteig.de*

WINDSURFEN

Treffpunkt für Surfer ist das Rheinufer zwischen Hattenheim und Oestrich.

Ein Traum für Radfahrer und Anwohner: Beim „Tal total" ist die Rheinuferstraße für Autos gesperrt

MIT KINDERN UNTERWEGS

Burgen und Schlösser, eine Schiffstour auf dem Rhein, Ponyhof und Adlerwarte, auf den Spuren der Römer in Wiesbaden, ein „Erfahrungsfeld der Sinne", ein Erlebnispark mit Wildwasser- und Achterbahn – Wiesbaden und der Rheingau bieten 1001 Möglichkeit für Kids und Jugendliche.

WIESBADEN

ERFAHRUNGSFELD DER SINNE
(118 A3–4) (*M* G7)

Lernen mit allen Sinnen: Durch eigene Aktivitäten und Experimente erfahren Kinder, wie das Auge sieht, das Ohr hört, warum Feuer heiß ist und vieles mehr. *Mo–Fr 9–18, Sa/So 11–18 Uhr | 13 Euro, Kinder (7–17 Jahre) 7 Euro bzw. (3–6 Jahre) 5 Euro | Schloss Freudenberg | Freudenberger Str. 222 | Bus 23, 24, 39: Märchenland | www.schlossfreudenberg.de*

INSIDER TIPP ▶ FASANERIE
(118 A2) (*M* H6)

Der bereits 1745 als Jagdrevier angelegte Tier- und Pflanzenpark ist ein beliebtes Wochenendziel für Familien. Picknicktische laden zu Pausen ein, es gibt Tiere zum Anfassen, naturnah konzipierte Spielplätze, einen kleinen Teich sowie Tiere aus dem europäischen Lebensraum in weiten Gehegen. Zu empfehlen sind die naturkundlichen Führungen für Kinder und Jugendliche. *Nov.–März tgl. 9–17, April–Okt. 9–18 Uhr | Eintritt frei | zwischen Lahn- und Aarstraße | Bus 33: Fasanerie | www.fasanerie.net*

Bild: Kochbrunnen in Wiesbaden

Ob als Burgfräulein oder Rheinschiffer:
Die Region bietet Erlebnisse, die Phantasie
und Intellekt der Kinder anregen

FREIZEITBAD ESWE (118 C4) (⟐ H7)

Das Hallenbad bietet ein Kinderbecken
mit Rutschen und Dampfgrotte. Viel Betrieb herrscht immer am ersten Sonntag
im Monat beim Spielenachmittag für die
ganze Familie. Der Sprungturm ist den
ganzen Tag geöffnet, und es darf zur
Freude der Kinder auch vom Beckenrand
gesprungen werden. Auch eine Sauna
gehört zum Bad. *Di–Fr 7–20.45, Sa/So
8–20 Uhr | Mainzer Str. 144 | 4,20 Euro,
Kinder 2,30 Euro | Bus 3, 6, 16, 33: ESWE-
Freizeitbad*

FREIZEITGELÄNDE RETTBERGSAU
(118 B5) (⟐ H7)

Schon die Anfahrt gefällt Kindern: Mit
der Personenfähre „Tamara" *(3 Euro, Kin-
der 1,50 Euro | www.tamara.rettbergsau.
de)* geht es vom Schiersteiner Hafen über
den Rhein auf die 3 km lange und 300 m
breite Insel (auch über eine Treppe von
der Schiersteiner Brücke zu erreichen).
Federball, Fußball, Tischtennis und ein
Bolzplatz warten. Am schönsten ist für
viele der kleine Strand zum Sonnenba-
den – und sogar im Rhein schwimmen

kann man hier. Auf einem großen Rasen darf man abends sein eigenes Zelt aufschlagen, und im Inselcafé kann man einkehren. *April/Mai und Sept. Mo–Do 9–18.45, Fr–So 9–19.45, Juni–Aug. tgl. 9–19.45 Uhr | Bus 23: Schierstein Hafen | fürs Zelten reservieren: Tel. 0611 2 45 51 | www.rettbergsau.de*

LEICHTWEISSHÖHLE (118 B2) (*m H6*)

Hinter einem Felsenhügel im hinteren Nerotal: Ein „echter" Räuber, nach dem die Höhle benannt ist, fand hier einst seinen Unterschlupf. *April–Okt. Mi 10–14, Fr 14–18, So 13–18 Uhr | Eintritt frei | Im Nerotal | Bus 1: Nerotal, 310: Nordfriedhof*

ÖSTLICHER RHEINGAU

KLOSTERFÜHRUNGEN EBERBACH (116 C4) (*m F7*)

Mehrere unterschiedlich konzipierte Führungen durch das Kloster wenden sich an Kinder. Phantasie steht im Mittelpunkt, wenn kleinere Kinder mit „Bonifaz, der Klostermaus" unterwegs sind. „Was ist überhaupt ein Kloster?" und „Wie lebten die Mönche im Mittelalter?" sind Fragen, denen Schulkinder nachgehen. Mitunter bildet ein Picknick den gelungenen Abschluss, ein anderes Mal eine Rallye durch das Klostergelände. *3,50 Euro | Buchung: Touristinfo Eltville | Tel. 06123 9 09 80 | www.kloster-eberbach.de*

WESTLICHER RHEINGAU

ABENTEUERSPIELPLATZ RÜDESHEIM (115 E6) (*m E8*)

Eine Wackel-Hängebrücke, eine Riesenrutsche, dazu Schaukeln, Wippen, einen Bolzplatz und Sandkästen sowie eine Picknickwiese bietet dieser abwechslungsreich gestaltete Abenteuerspielplatz. *Freizeitanlage Auf der Lach, an den Parkanlagen*

ADLERWARTE NIEDERWALD (115 D5–6) (*m E8*)

Nicht nur stolze Adler und milde blinzelnde Eulen bekommen Kinder hier zu sehen, sondern auch kleine, aus dem Nest gefallene Bussarde und Turmfalken. Die kleine, aus einer privaten Initiative hervorgegangene Einrichtung engagiert sind in vorbildlicher Weise dafür, dass die Vögel wieder in die Wildnis integriert werden. *April–Okt. tgl. außer bei Regen 10–12.30 Uhr Besichtigung, 14–15 Uhr Flugtraining | Besichtigung 3,50 Euro, Kinder 2,50 Euro, Flugtraining 4,50 Euro, Kinder 3 Euro | Parkplatz am Niederwalddenkmal | www.adlerwarte-niederwald.de*

ASBACH-BAD RÜDESHEIM (115 E6) (*m E8*)

Ein Freibad direkt am Rheinufer. *Mai und Sept. tgl. 9–19, Juni–Aug. 9–20 Uhr | 3,50 Euro, Kinder (4–17 Jahre) 2 Euro, ab 17 Uhr 50 % Ermäßigung | Kastanienallee 3*

EBENTALER HOF (115 D5) (*m D–E8*)

Über 50 Shetlandponys, deutsche Reitponys und Haflinger warten hier auf reitbegeisterte Kinder. Familien nehmen die Kutsche, um auf angelegten Pfaden unterwegs zu sein. Außerdem gibt es auf dem Gelände eine Picknickwiese und Spielgeräte sowie hausgemachten Apfelwein. *März–Okt. tgl. 11–18 Uhr | Reiten 8–12 Euro/Std. | Ebental (3 km nördl. oberhalb des Klosters St. Hildegardis) | Tel. 06722 25 18 | www.ebental.de*

KUTSCHFAHRTEN IM RHEINGAU (114–115 C–D 5–6) (*m D8*)

Das Angebot reicht vom Shuttleservice zwischen Niederwalddenkmal und Seilbahnstation Assmannshausen *(2,8 km | 5 Euro, Kinder 3,50 Euro)* bis zur romantischen Kutschfahrt durch den Niederwald *(5 km | 8 Euro, Kinder 5 Euro). Abfahrt Sa/So Parkplatz Niederwalddenkmal und*

Seilbahnstation Assmannshausen | Tel. 06726 9735 | www.rheingauer-kutsch fahrten.de

TOY MUSEUM RÜDESHEIM
(115 D6) (*E8*)
Kinder erfreuen sich an Spielzeug und Modelleisenbahnen der letzten 100 Jah-

wasserbahn, Spukhaus, Dschungelturm, Wasserskirondell, Achterbahn, einen gepolsterten Kletterturm oder Riesentrampolins. Für die Kleineren gibts die „Muckelchenbahn" und ein Kettenkarussell. Von Wiesbaden fährt der Bus 5474 des Rhein-Main-Verkehrsverbunds direkt zum Wunderland. *April–Okt. tgl. 9.30–18*

Auf dem Ebentaler Hof gilt: Das Glück dieser Erde liegt auf dem Rücken der ... Ponys

re, an historischen Puppen, technischem Spielzeug und an altertümlichen Schiffsmodellen. Ihre Eltern finden Gefallen an einer Modellbahngroßanlage des Rheintals im Stil der Dreißiger- bis Fünfzigerjahre. *Mo–Fr 8–18, April–Dez. auch Sa/So 11–18 Uhr | 5 Euro, Kinder 2,50 Euro | Peterstr. 20 | www.toy-museum.de*

TAUNUS

TAUNUS WUNDERLAND
(117 D2) (*G6*)
Der Freizeitpark im Taunus bietet zahlreiche Attraktionen: Märchenwald, Wild-

Uhr, 17 Euro, Kinder unter 100 cm frei, bis 130 cm 15,50 Euro | www.taunuswunderland.de

WUNDERKISTE BAD SCHWALBACH
(116 C1) (*F5–6*)
Der Indoor-Spielpark besitzt auf etwa 2000 m^2 eine Riesenrutsche, Trampoline, ein riesiges Klettergerüst, diverse Spaßfahrzeuge sowie einen eigens auf Kindergartenkinder abgestimmten Bereich. *Mo–Fr 14.30–19, Sa/So 10.30–18.30 Uhr | 3 Euro, Kinder ab 2 Jahre 7 Euro, nach 17 Uhr 2/4 Euro | Heimbacherstr. 11 | www.wunderkiste.net*

EVENTS, FESTE & MEHR

FESTE UND EVENTS

FEBRUAR/MÄRZ

▶ *Fastnacht:* Umzüge in vielen Dörfern, der größte ist der *Rosenmontagszug* in Kiedrich. Ebenfalls in Kiedrich findet am Donnerstag zur Altweiberfassenacht die INSIDER TIPP▶ *Schnorrerrallye* statt. Maskierte schnorren in Kiedricher Kneipen und Restaurants, die abschließende Demaskierung und Prämierung findet gegen Mitternacht im Fastnachtszelt statt.

▶ *Rheingau-Gourmet-&-Wein-Festival:* Die Starköche Europas treffen sich im Rheingau und die Restaurants in der Region machen mit. *www.rheingau-gourmet-festival.de*

MAI/JUNI

▶ INSIDER TIPP▶ *Magic Bike Rüdesheim* am auf Fronleichnam folgenden Wochenende: starkes Aufgebot mit Hunderten von Harley-Davidson-Fahrern aus aller Welt mit üppigem Beiprogramm. *www.magic-bike-ruedesheim.com*

JUNI

Beim ▶ *Theatrium (Wilhelmstraßenfest)* an einem Wochenende Mitte Juni heißt es sehen und gesehen werden auf Wiesbadens Pracht- und Flaniermeile Wilhelmstraße. Hummer und Co. an den Ständen, Schampus und Cocktails werden ausgeschenkt. *www.wilhelmstrassenfest.de*

Beim traditionsreichen, seit 1935 begangenen ▶ *Erbacher Erdbeerfest* drei Tage Mitte Juni, einem der größten Feste im Rheingau, ist Erdbeerbowle das beliebteste Getränk. Zentrum des Geschehens ist der historische Marktplatz, wo eine Bühne aufgebaut wird und Bands und Tanzgruppen auftreten.

▶ ⭐ *Tal Total:* Am letzten Junisonntag werden zwischen Rüdesheim und Lahnstein die B 42 und zwischen Bingen und Koblenz die B 9 für Autos gesperrt – Fahrradfahrer, Inlineskater und Spaziergänger sind zu Tausenden unterwegs. Pausiert wird unterwegs an den zahlreichen Ständen, die für Essen und Trinken sowie für Unterhaltung sorgen. *www.taltotal.de*

ERSTES JULIWOCHENENDE

▶ *Sekt- und Biedermeierfest Eltville:* Sekt und Weinstände am Rheinufer und um die Kurfürstliche Burg, abschließendes Feuerwerk am Montagabend. *www.rheingau.de/feste*

▶ *Rhein in Flammen:* Über dem Rhein und den Burgen, zwischen Rüdesheim,

Schnorrerrallye und Magic Bike, kulturelle und Gaumengenüsse: Das ganze Jahr über wird gefeiert

Bingen und Assmannshausen, werden sieben Feuerwerke veranstaltet, die Burgen und Schlösser in „brennende" Beleuchtung versetzen. Am schönsten erlebt man das Ereignis auf einem der 50 Schiffe, die dann die Strecke befahren. *www.rhein-im-feuerzauber.de*

JULI/AUGUST
▶ ⭐ *Rheingau-Musik-Festival:* Mehr als 140 Konzerte auf über 40 Bühnen des Rheingaus mit Weltklassesolisten und -orchestern. *www.rheingau-musik-festival. de*

JULI–MITTE SEPTEMBER
In der einmaligen Kulisse der historischen Burg finden im Rahmen der ▶ *Burghofspiele Eltville* zahlreiche Konzerte und Theateraufführungen statt. *www.burghofspiele.de*

ZEHN TAGE MITTE AUGUST
▶ ⭐ *Wiesbadener Weinwoche:* Höhepunkt des jährlichen Treibens um Sekt,

Wein und Gourmetküche mit rund 100 Ständen

SEPTEMBER
▶ *Tage der offenen Weinkeller,* jeweils zwei Tage in den unterschiedlichen Weinorten: Rheingauer Winzer laden zur Kellerbesichtigung und Verkostung in ihre Güter. *www.rheingau.de/veranstaltungen*

ERSTE NOVEMBERHÄLFTE
▶ *Die Glorreichen Tage:* Eine Woche lang bringen ausgesuchte Restaurants und Weingüter Weine des VDP und die Kreationen renommierter Köche zusammen. *www.vdp-rheingau.de*

DEZEMBER
Während der Adventssonntage finden kleine, überaus stimmungsvolle ▶ *Weihnachtsmärkte* statt, besonders schön in Kiedrich und Eltville. In der Rüdesheimer Altstadt wird der ▶ *Weihnachtsmarkt der Nationen* (*www.w-d-n.de*) mit etwa 120 Ständen aufgebaut.

ICH WAR SCHON DA!

Vier User aus der MARCO POLO Community verraten ihre Lieblingsplätze und ihre schönsten Erlebnisse

BURG FRAUENSTEIN

Die Burg liegt im Kern des gleichnamigen Wiesbadener Ortsteils, der Aufstieg erfolgt über die Burglindenstraße. Von der Burgmauer ergibt sich eine malerische Aussicht bis hinüber zur Mainzer Rheinseite. Nach dem Abstieg über eine steile Treppe bietet das *Weinhaus zur Burg* an der Kirschblütenstraße Erfrischung. Das Ausflugslokal *Nürnberger Hof* ist über einen ca. 15-minütigen Spaziergang erreichbar. **Claudia aus Wiesbaden-Schierstein**

GOETHESTEIN

Am 6. Juli 1815 unternahm Goethe einen Ausflug an diesen markanten Aussichtspunkt, wo er mineralogische Forschungen anstellte. Die hervorstechende Gedenkpyramide wurde 1932 aufgestellt und ist ein beliebtes Wanderziel. Der Ausblick reicht bei klarem Wetter bis zum Donnersberg in der Nordpfalz. **Dorjan aus Wiesbaden-Dotzheim**

SCHIERSTEINER HAFEN

Im Ortsteil Schierstein liegt der Yachthafen mit seiner mediterran anmutenden Uferpromenade. Am Ufer und sogar auf dem Wasser gibt es Gelegenheiten zum Einkehren, einen Campingplatz und Sportanlagen. Blicke nach oben offenbaren mehrere Storchennester – der Storch ist das heimliche Wappentier von Schierstein. **Silvio aus Schierstein**

WEINGUT GROROTHER HOF

Auf dem *Grorother Hof (Quellbornstr. 95 | Wiesbaden-Frauenstein)* fühlt man sich wie mitten in der Toskana. Das Weingut mit mediterraner Architektur liegt in einer fruchtbaren Senke, umgeben von üppig sprießenden Weinbergen. Man kann dort nach einem Spaziergang auf einen Schoppen im Gutsausschank *Zum Kapellchen* einkehren. **bgawron aus Köln**

Haben auch Sie etwas Besonderers erlebt oder einen Lieblingsplatz gefunden, den nicht jeder kennt? Gehen Sie einfach auf www.marcopolo.de/mein-tipp

Für den Inhalt der Community-Seite übernimmt die MARCO POLO Redaktion keine Verantwortung.

EIGENE NOTIZEN

LINKS, BLOGS, APPS & MORE

LINKS

▶ www.szenewiesbaden.net Hinweise auf Veranstaltungen und die Szenegastronomie, dazu mehrere Foren; mit Szenekalender

▶ www.die3imrheingau.de Diese Website der Gemeinden Eltville, Walluf und Kiedrich versammelt Hinweise zu Kultur, Wein und Freizeit – mit Bildergalerie, Stadtplänen und Downloadcenter!

▶ www.marcopolo.de/rheingau-wiesbaden Alles auf einen Blick zu Ihrem Reiseziel: interaktive Karten inklusive Planungsfunktion, Impressionen aus der Community, aktuelle News und Angebote …

▶ www.rheingau-wanderclub.de Der Wanderclub ist *die* Kontaktadresse in Sachen Wandern im Rheingau. Ob Rheinhöhenweg oder Rheinsteig, geführte Wanderungen oder individuell: Hier finden Sie aktuelle Informationen, Hinweise zu Bahn- und Busverbindungen sowie Wandervorschläge

NETWORK

▶ twitter.com/#!/rheingaunews Hier zwitschert die Rheingau-Community Neuigkeiten aus der Region: von Mainstreamthemen wie Wein und Hotels bis zu Skurrilem und Abseitigem wie einem Seniorenspielplatz („Mehrgenerationenspielplatz") oder „Daniel Küblböck in der Brentanoscheune"

▶ www.couchsurfing.org Dieses weltweite Netzwerk bietet selbst im beschaulichen Wiesbaden mehr als 100 Gastgeber, die Gleichgesinnten eine Unterkunft zur Verfügung stellen

BLOGS & FOREN

▶ wiesbaden-blog.de In der Rubrik „Freizeit und Events" gibts einen Veranstaltungskalender, Neuigkeiten aus Wiesbaden und lokale Diskussionen (mit versteckter Werbung)

▶ forum.wiesbaden.de Aktuelle Diskussionen von Fluglärm bis No-go-Areas, von Jugendarbeit bis Bankgeschäfte

Egal, ob Sie sich auf Ihre Reise vorbereiten oder vor Ort sind: Mit diesen Adressen finden Sie noch mehr Informationen, Videos und Netzwerke, die Ihren Urlaub bereichern. Da manche Adressen extrem lang sind, führt Sie der kürzere short.travel-Code direkt auf die beschriebenen Websites

BLOGS & FOREN

▶ www.longroad.de/tag/Rheingau Auf diesem „Unterwegs-Blog" finden sich News aus dem Rheingau, Berichte zu touristischen Attraktionen wie z. B. zum Oestricher Weinverladekran sowie Berichte über Touren und Wanderwege im Rheingau und Taunus, dazu eine Rubrik zum Thema Geocaching

▶ www.weingut-jonas.de Der Blog dieses Eltviller Winzers bietet interessante Einblicke in den Alltag eines Weinguts und Informatives zu vinophilen Themen wie Winzersekt, Eiswein oder Federweißer

VIDEOS & STREAMS

▶ videos-aus-wiesbaden.blogspot.com Filme von 1967, als die Autos noch durch die heutigen Fußgängerzonen fuhren, Fahrten mit der Nerobergbahn oder Hirschbrunft in der Fasanerie: Hier taucht ständig Neues auf

▶ short.travel/rhei1 Die Website der Stadt Wiesbaden zeigt aktuelle Videos von unterschiedlichsten Veranstaltungen und Ereignissen – von der Bambiverleihung über den Dalai-Lama-Besuch bis zum Dîner en blanc im Nerotal

▶ short.travel/rhei2 Videoclips zur Wein- und Flusslandschaft, zu Sehenswürdigkeiten wie Schlösser und Burgen, zu Festen und hübschen Dörfern, zum Wandern und Schlemmen

▶ www.weingut-barth.de Das Weingut in Hattenheim liefert mit seiner Webcam einen kontinuierlichen Liveblick auf den Schiffsverkehr auf dem Rhein, die B 42, seinen Weinberg und das Schloss Reichartshausen, das die European Business School beherbergt

APPS

▶ Partys Rhein Main Die App für Android und I-Phone liefert Informationen zu Partys, Events und Veranstaltungen2 in der Region Rhein-Main: Rheingau, Wiesbaden, Mainz und Rheinhessen

▶ Schlachthof Wiesbaden 300 Veranstaltungen jährlich machen den Schlachthof zum größten Liveclub in Wiesbaden. Mit dieser I-Tunes-App sind Sie immer auf dem Laufenden über das aktuelle Programm und Detailinformationen

PRAKTISCHE HINWEISE

ANREISE

Die Nähe zum Rhein-Main-Gebiet bedeutet schnelle Erreichbarkeit: Von Frankfurt führt die A 66 nach Wiesbaden und weiter als ausgebaute Schnellstraße B 42 nach Eltville und dann zweispurig am Rhein entlang über Hattenheim, Oestrich-Winkel und Geisenheim nach Rüdesheim und Lorch. Bei Benutzung eines Navis Rüdesheim am Rhein (Postleitzahl 65385) nicht verwechseln mit Rüdesheim im Kreis Bad Kreuznach!

Frankfurt, Wiesbaden und Mainz sind mit dem IC zu erreichen. Von Frankfurt und Mainz verkehrt eine S-Bahn nach Wiesbaden. Von dort fahren Regionalzüge durch den Rheingau nach Koblenz.

GRÜN & FAIR REISEN

Auf Reisen können auch Sie mit einfachen Mitteln viel bewirken. Behalten Sie nicht nur die CO_2-Bilanz für Hin- und Rückflug im Hinterkopf *(www.atmosfair.de)*, sondern achten und schützen Sie auch nachhaltig Natur und Kultur im Reiseland *(www. gate-tourismus.de; www.zukunft-reisen.de; www.ecotrans.de)*. Gerade als Tourist ist es wichtig, auf Aspekte zu achten wie Naturschutz *(www. nabu.de; www.wwf.de)*, regionale Produkte, Fahrradfahren (statt Autofahren), Wassersparen und vieles mehr. Wenn Sie mehr über ökologischen Tourismus erfahren wollen: europaweit *www.oete.de*; weltweit *www.germanwatch.org*

Der Flughafen Frankfurt liegt 40 km östlich von Wiesbaden. Vom Flughafen fährt eine S-Bahn nach Wiesbaden. Transport vom und zum Flughafen und zu den Bahnhöfen von Wiesbaden und Mainz in den Rheingau organisiert preiswert *Ebert's Shuttle Service (Tel. 06123 60 58 74 | www.flughafentransfer-ebert.de).*

AUSKUNFT

RHEINGAU-TAUNUS KULTUR UND TOURISMUS GMBH
An der Basilika 11 a | 65375 Oestrich-Winkel | Tel. 06723 9 95 50 | www.rheingau-taunus-info.de

WIESBADEN TOURIST INFORMATION
Marktplatz 1 | 65183 Wiesbaden | Tel. 0611 172 99 30 | www.wiesbaden.de

AUSKUNFT IM INTERNET
Eine Übersicht zu Restaurants, Sehenswürdigkeiten und Hotels sowie Veranstaltungstermine finden Sie außer auf *www. rheingau-taunus-info.de* z. B. auch auf *www.rheingau.de.* Infos zur Geschichte der Region bietet *www.rheingau-chronik.de.*

AUTO

Auf der am Rhein entlangführenden Durchgangsstraße B 42 Richtung Koblenz kommt man meist zügig voran, die alte B 42 a zieht sich, oft mit Kopfstein gepflastert und gelegentlich in Einbahnregelung, eng und kurvig vom Wiesbadener Stadtrand durch die Weinberge, Dörfer und Kleinstädte des Rheingaus. Man nimmt am besten die ausgeschilderten Parkplätze und geht dann zu Fuß in die Ortschaften.

Von Anreise bis Wetter

Urlaub von Anfang bis Ende: die wichtigsten Adressen und Informationen für Ihre Rheingaureise

CAMPING & WOHNMOBILE

Sowohl *Hattenheim (März/April–Okt. | Auweg 2–4 | Tel. 06723 28 27 | www.rheingau-campingplatz.de)* als auch *Geisenheim (März–Okt. | Am Rheinufer 1 | Tel. 06722 7 56 00 | www.rheingaucamping.de)* und *Rüdesheim (Mai–Sept. | Auf der Lach | Tel. 06722 25 28 | www.campingplatz-ruedesheim.de)* besitzen einen Campingplatz in direkter Rheinuferlage. Zwischen Lorch und Rüdesheim lockt in reizvoller Terrassenlage der *Naturcampingplatz Suleika (April–Okt. Tel. 06726 94 64 | www.suleika-camping.de)*.

Eltville hält auf dem kostenlosen Parkplatz Weinhohle (P2) an der B 42 a nach Walluf etwa 20 Stellplätze für Wohnmobile und Wohnwagen bereit. Auch einige Weingüter bieten zwei bis fünf Stellplätze, teilweise kostenlos, teilweise um 10 Euro pro Tag, die bei Weineinkauf ab 100 Euro verrechnet werden.

FÄHREN

Da Brücken nur in Wiesbaden und dann erst wieder in Koblenz den Rhein überqueren, operieren im Rheingau zwei Personen- und drei Autofähren:
– *Walluf–Budenheim: Personen- und Fahrradfähre | Mai–Sept. So 10–19 Uhr*
– *Mittelheim–Ingelheim: Personen- und Autofähre | tgl. 6–21, im Sommer bis 22 Uhr*
– *Rüdesheim–Bingen: Personen- und Autofähre | Mai–Okt. tgl. 6–24 Uhr, im Winter eingeschränkter Betrieb*
– *Rüdesheim–Bingen: Personenfähre | Mai–Okt. tgl. 7–22 Uhr, im Winter eingeschränkter Betrieb*
– *Lorch–Niederheimbach: Personen- und Autofähre | tgl. 6–19 Uhr*

INTERNETZUGANG & WLAN

In Wiesbaden bieten zahlreiche Hotels und Restaurants sowie andere Institutionen kostenlosen oder kostenpflichtigen Internetzugang; im Rheingau und Taunus ist man noch nicht so weit. Verzeichnisse finden Sie im Internet, z. B. unter *www.wifire.de* und *www.wlanmap.com*.

KLIMA & REISEZEIT

Die milde, windgeschützte Region bietet das ganze Jahr über zahlreiche Feste und Veranstaltungen, die Hotels und Restaurants sind fast alle ganzjährig geöffnet. Besonders schön ist eine Reise im Herbst, etwa zur Zeit der Weinlese im Oktober: Die Wälder leuchten in allen Farben, das Klima ist ideal für Spaziergänge und Wanderungen. Während der Wintermonate haben viele Museen und Sehenswürdigkeiten eingeschränkten Betrieb.

KURKLINIKEN

– *Montanus-Klinik | Merianstr. 10 | Bad Schwalbach | Tel. 06124 5 81 01 | www.montanus-klinik.de*
– *Rheingau-Taunus-Klinik | Genthstr. 7–9 | Bad Schwalbach | Tel. 06124 50 90 | www.median-kliniken.de*
– *Zentrum für Rheumatologie | Rheingauer Str. 18 | Schlangenbad | Tel. 06129 4 10 | www.median-kliniken.de*

NOTDIENSTE

– *Ärztlicher und Zahnärztlicher Notdienst: Adalbert-Stifter-Str. 15 | Winkel | Tel. 06723 8 70 87 | Mo, Di, Do, Fr 20–7, Mi 14–7, Sa/So 0–24 Uhr*

ÖFFENTLICHE VERKEHRSMITTEL

BAHN

Regelmäßige Zugverbindung besteht mit der Regionalbahn nach Walluf, Eltville, Erbach, Hattenheim, Oestrich-Winkel, Geisenheim, Rüdesheim, Assmannshausen und Lorch. *www.bahn.de, www.rmv.de*

BUS

Am Bahnhof in Wiesbaden starten Busse zu allen Stadtteilen und in die Innenstadt sowie in den Taunus und den Rheingau. Im Rheingau verkehren von den Bahnhöfen Busse in die nicht an der Bahnlinie liegenden Orte wie Kiedrich, Kloster Eberbach, Hallgarten, Martinsthal, Rauenthal. Fahrpläne sind bei den Verkehrsämtern erhältlich. Tickets aus Verbundautomaten der Bahn im Rheingau sind beim Kauf bereits entwertet; in Wiesbaden müssen Automatentickets im Bus entwertet werden.

SCHIFF

Mehrere Ausflugsschiffe veranstalten zwischen April und Oktober Burgen- und Loreleyfahrten. Traditionsreichster Anbieter ist die *Köln-Düsseldorfer (Agentur Rüdesheim | Tel. 06722 38 08 | www.k-d.com)*. Ein großes Angebot an Rheintouren haben auch die *Bingen-Rüdesheimer Fahrgastschiffahrt (Tel. 06722 29 72 | www.bingen-ruedesheimer.com)* und die *Rössler-Linie (Tel. 06722 23 53 | www.roesslerlinie.de)*.

WIESBADEN TOURIST CARD

Über *www.wiesbaden.de* und in den Verkehrsämtern bekommen Sie ein Ticket mit zwei Tage Bus- und Bahnfahrten einschließlich Flughafen Frankfurt *(12,90 Euro, Gruppe bis 5 Pers. 25 Euro)* sowie zahlreichen anderen Vergünstigungen im Raum Wiesbaden-Rheingau-Taunus.

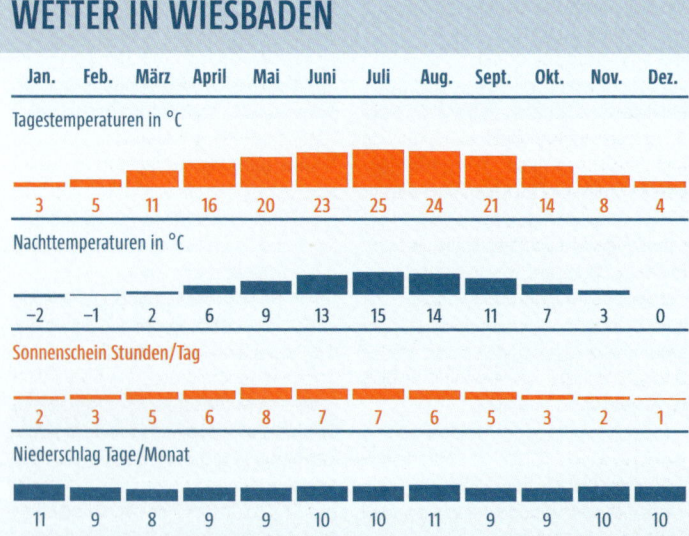

WETTER IN WIESBADEN

	Jan.	Feb.	März	April	Mai	Juni	Juli	Aug.	Sept.	Okt.	Nov.	Dez.
Tagestemperaturen in °C	3	5	11	16	20	23	25	24	21	14	8	4
Nachttemperaturen in °C	−2	−1	2	6	9	13	15	14	11	7	3	0
Sonnenschein Stunden/Tag	2	3	5	6	8	7	7	6	5	3	2	1
Niederschlag Tage/Monat	11	9	8	9	9	10	10	11	9	9	10	10

PRAKTISCHE HINWEISE

ÖFFNUNGSZEITEN

In Wiesbaden sind die Geschäfte im Allgemeinen montags bis freitags von 9.30 bzw. 10 bis 20 Uhr durchgehend geöffnet, am Samstag bis 18 Uhr. Im Rheingau und Taunus haben die Geschäfte mit Ausnahme größerer Supermärkte zwischen 13 und 15 Uhr geschlossen. In Rüdesheim sind zahlreiche Geschäfte durchgehend und auch an Sonntagen geöffnet.

UNTERKUNFT

BED & BREAKFAST
Bed & Breakfast Rüdesheim (Tel. 06131 21 84 96 | www.bed-and-breakfast.de/rue desheim) vermittelt Pensionen und Privatzimmer (Doppelzimmer 42–80 Euro). Weitere Angebote findet man auch unter *www.bed-andbreakfast.de/wiesbaden*.

FERIENWOHNUNGEN
Angebote für Apartments und Ferienwohnungen finden Sie über die örtlichen Touristinformationen und Verkehrsvereine sowie im Internet, z. B. auf der Website *www.rheingau.de/uebernachten*.

HOTELS
Wiesbaden verfügt über ein großes Angebot an Hotels in allen Preislagen, sodass es meist nicht zu Engpässen kommt. Auch im Rheingau gibt es zahlreiche stimmungsvolle Übernachtungsadressen, doch sollten Sie hier, vor allem während der Sommerzeit, rechtzeitig buchen. Eingeschränkt ist das Angebot in Bad Schwalbach und Schlangenbad, frühzeitige Reservierung während der Saison ist hier anzuraten.

JUGENDHERBERGEN
– *JH Wiesbaden | 220 Betten in 2- bis 6-Bett-Zimmern | Blücherstr. 66 | Tel. 0611 44 90 81 | www.djh-hessen.de*

– *JH Rüdesheim | 155 Betten in 2- und Mehrbettzimmern | Jugendherberge 1 | Tel. 06722 27 11 | www.djh-hessen.de*

ÜBERNACHTEN AUF DEM WINZERHOF
So heißt eine Broschüre, die Ferienwohnungen und Gasthöfe von 20 Winzerbetrieben umfasst – ideal für Rheinsteigund andere Wanderungen. Sie können sie als PDF herunterladen auf *short.tra vel/rhei3* oder bestellen unter *Tel. 06723 9 95 50*.

WAS KOSTET WIE VIEL?

Weißwein	2–3 Euro *für 0,2 l in der Straußwirtschaft*
Imbiss	3,50 Euro *für ein Winzerweck*
Einkehr	4,50 Euro *für Handkäs mit Musik in der Straußwirtschaft*
Rheinfähre	5 Euro *für das Auto und zwei Personen*
Seilbahn	6,50 Euro *für die Fahrt zum Niederwalddenkmal und zurück*
Bahnfahrt	3,60 Euro *für die Zugfahrt von Eltville nach Wiesbaden*

VERANSTALTUNGSMAGAZINE

Die Freitagsbeilage „Pepper" im Wiesbadener Kurier informiert über Veranstaltungen in Wiesbaden und im Rheingau. Der „Gastro-City-Guide" (5,50 Euro | www. gastro-city-guide.de) ist eine gehobene, vierteljährlich erscheinende Broschüre mit Hinweisen für Theater, Events, Museen in Wiesbaden und dem Rheingau.

REISEATLAS

Die grüne Linie ▬▬ zeichnet den Verlauf der Ausflüge & Touren nach
Die blaue Linie ▬▬ zeichnet den Verlauf der Perfekten Route nach

Der Gesamtverlauf aller Touren ist auch in
der herausnehmbaren Faltkarte eingetragen

Bild: Schloss Vollrads

Bornich **A**
▲ 336

1

Weisel **B** 3,5

Grube Kreuzberg-wald

C

WOLLMER

Dörscheid 4

ES

Loreley-Burgen-Straße

2

5

▲ 228

RANSEL

377 ▲

Kauber Platte

Sauerthal

428 Ruine Rheinberg

2

Burg Gutenfels

10

Ruine Sauerburg

Ruine Kammerburg

KAUB

E3

▲ 182

Pfalz

Ruine Waldeck

3,5

6

Ranselberg

8 398

7

Wisper

HENSCH-HAUSEN

BACHARACH

357 ▲

Ranselberg

Rhein

Burg Stahleck

LORCH-HAUSEN

Hof

3

Neurath

R. Nollig

▲ 395

Medenscheid

Sankt Martin

9

LORCH

Rheindiebach

(85)

4

Winzberg

Schloss

Oberdiebach

Fürstenberg

Jägerha

Manubach

Burg Hohneck

Im Bächergrund

▲ 538

4

Rheinischer Sagenweg

Nieder-heimbach

R h

▲ 365

Kreuz-kapelle

Ober-heimbach

8,5

14

Rhein

Burg Sooneck

Teufelskadrich

Trechtingshausen

▲ 416

618 ▲

Klemenska

Franzosenkopf

Burg Reichenstein

42

13

Salzkopf

Gerhardshof

10

AULH

5

▲ 628

Burg Rheinstein

B i n g e r   W a l d

ASSMANNSHAUSEN

10

Auerhahnkopf

▲ 574

Jägerhau

2

Daxweiler

Druidenberg

11

▲ 385

BINGERBRÜCK

6 **E42**

2km

61

E31 ✕ ▲ 405

Roter Kopf

114

Weiler bei Bingen

Hunsrück

Warms-

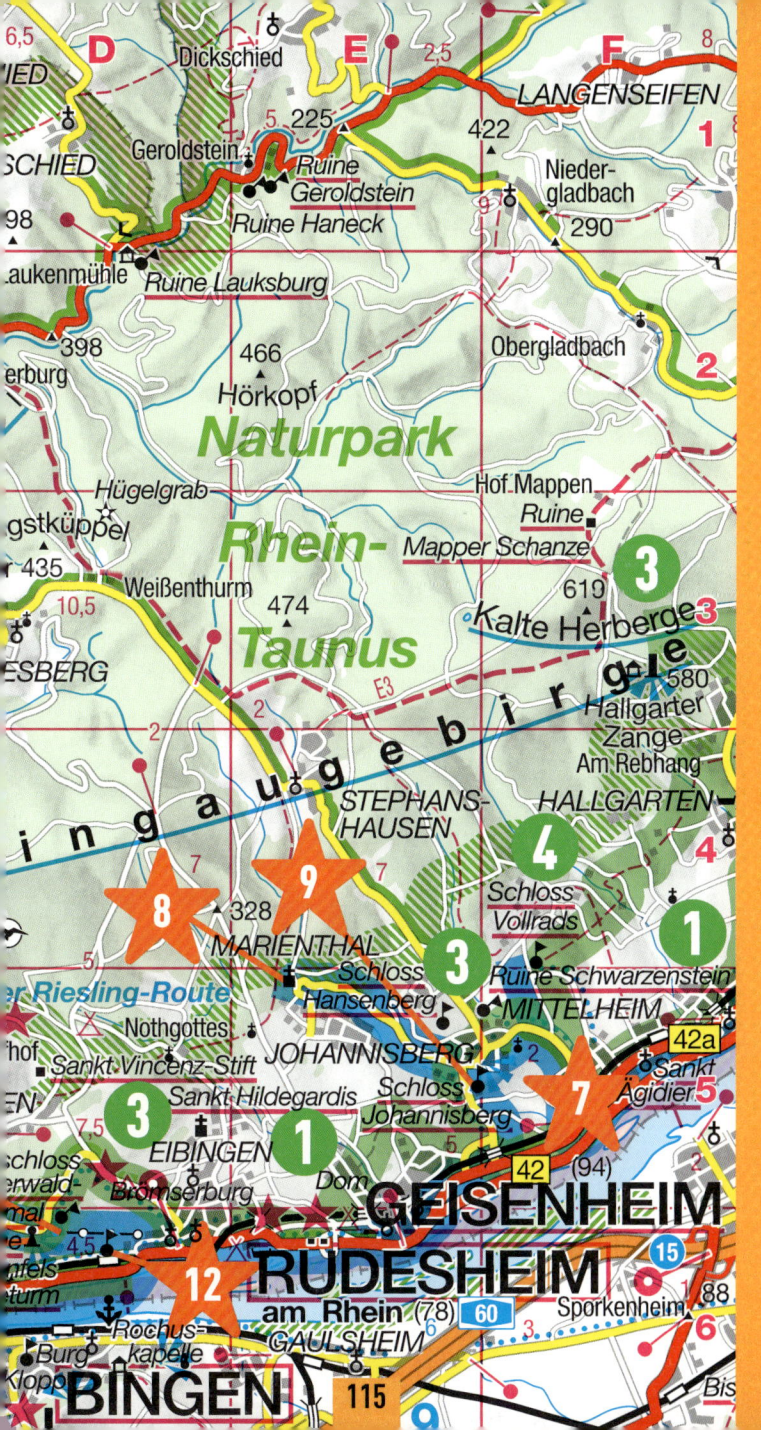

6,5

Dickschied

2,5

LANGENSEIFEN

8

1

Geroldstein

225

Ruine
Geroldstein

422

Niedergladbach

Ruine Haneck

290

aukenmühle

9

398

Ruine Lauksburg

erburg

466

Obergladbach

2

Hörkopf

Naturpark

Hügelgrab

Hof Mappen

gstküppel

Ruine

435

Rhein-

Mapper Schanze

3

Weißenthurm

10,5

619

ESBERG

474

Kalte Herberge

3

Taunus

E3

580

Hallgarter
Zange

2

Am Rebhang

ngaugebirge

STEPHANS-
HAUSEN

HALLGARTEN

4

7

9

7

4

8

328

Schloss
Vollrads

1

MARIENTHAL

5

Schloss
Hansenberg

3

Ruine Schwarzenstein

er Riesling-Route

MITTELHEIM

42a

Nothgottes

2

Sankt
Ägidier

5

hof

Sankt Vincenz-Stift

JOHANNISBERG

3

Sankt Hildegardis

Schloss
Johannisberg

7

7,5

EIBINGEN

1

5

2

chloss

Dom

42

(94)

erwald-
mal

Brömserburg

GEISENHEIM

15

turm

4,5

RÜDESHEIM

88

Burg
Klopp

Rochus-
kapelle

am Rhein (78)

60

Sporkenheim

6

BINGEN

GAULSHEIM

3

Bis

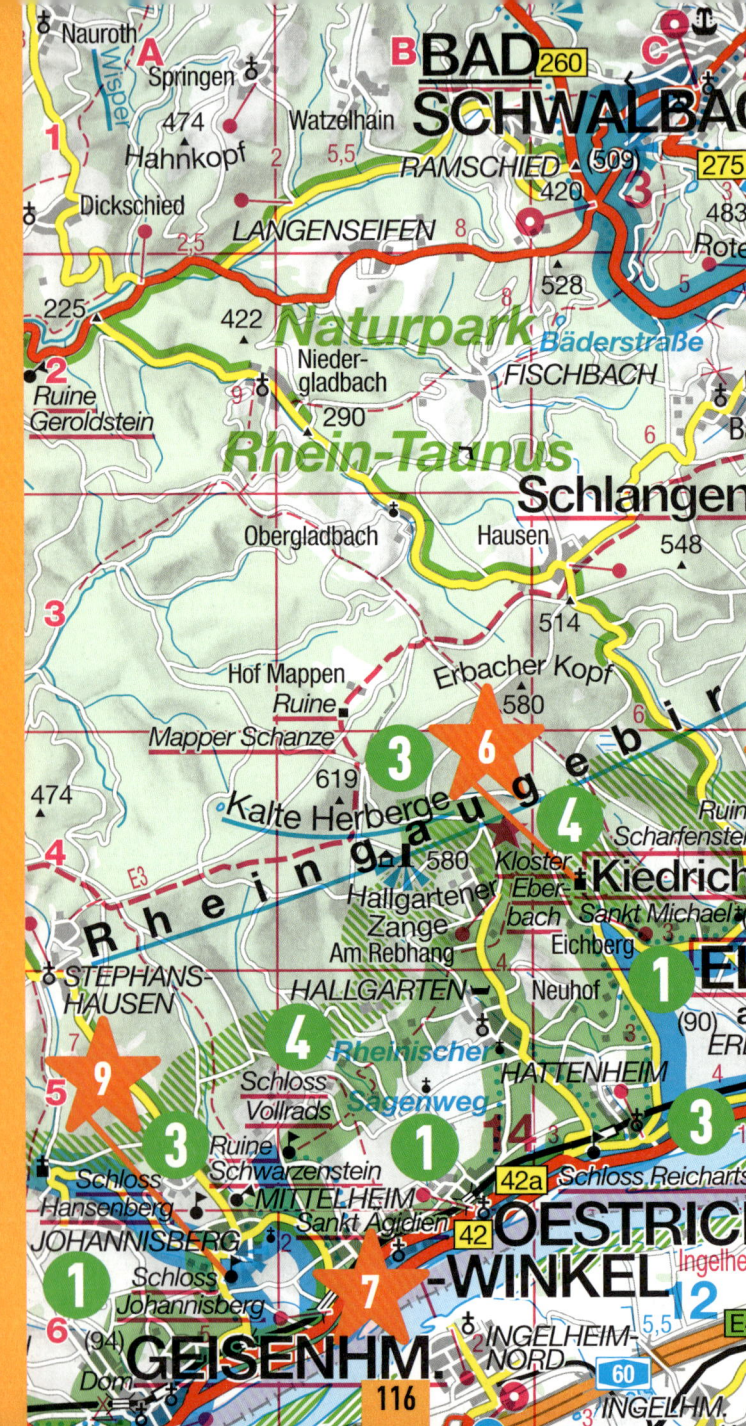

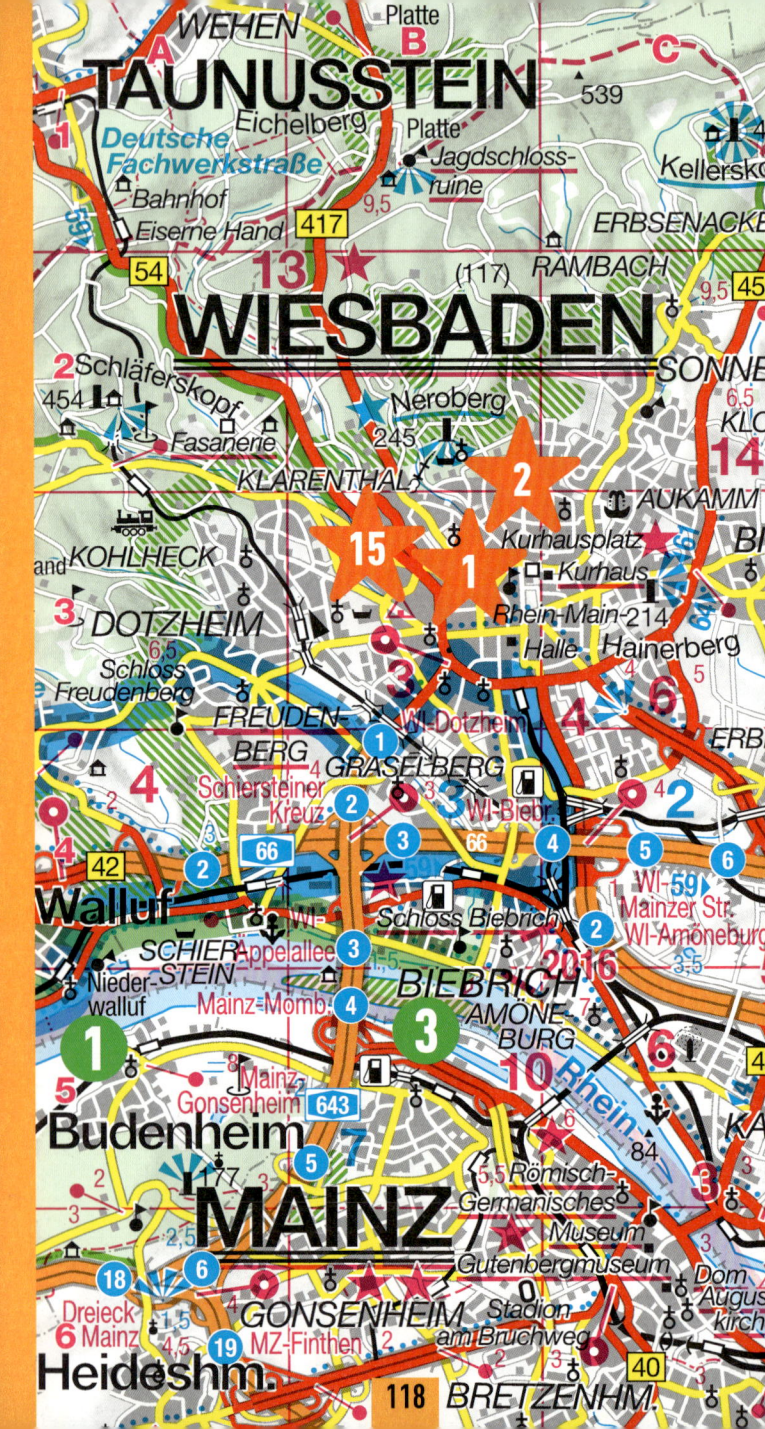

WEHEN
Platte
B
C
TAUNUSSTEIN
539
Eichelberg
Deutsche
Fachwerkstraße
Platte
Jagdschloss-
ruine
Kellersk
ERBSENACKE
Bahnhof
9,5
Eiserne Hand
417
RAMBACH
54
13
(117)
45
9,5
WIESBADEN
SONNE
6,5
Schläferskopf
Neroberg
KLC
454
245
14
Fasanerie
2
KLARENTHAL
AUKAMM
and KOHLHECK
Kurhausplatz
BI
15
2
3 DOTZHEIM
1
Kurhaus
Schloss
Rhein-Main-214
Freudenberg
Halle
Hainerberg
FREUDEN-
WI-Dotzheim
ERB
BERG
GRASELBERG
4
Schiersteiner
4 Kreuz
WI-Biebr.
2
4
42
66
3
66
5
6
Walluf
2
3
WI-59
Mainzer Str.
SCHIER-
WI-Amöneburg
Nieder-
STEIN
Appelallee
3
2
2016
walluf
3
Schloss Biebrich
BIEBRICH
Mainz-Momb.
4
AMÖNE-
BURG
1
3
5
Mainz
10 Rhein
Budenheim
Gonsenheim
643
6
84
KA
7
5,5 Römisch-
5
177
Germanisches
3
MAINZ
Museum
Gutenbergmuseum
Dom
18
6
Stadion
Augus
Dreieck
GONSENHEIM
am Bruchweg
kirch
6 Mainz
19 MZ-Finthen
40
Heidesh m.
118
BRETZENHM.

KARTENLEGENDE

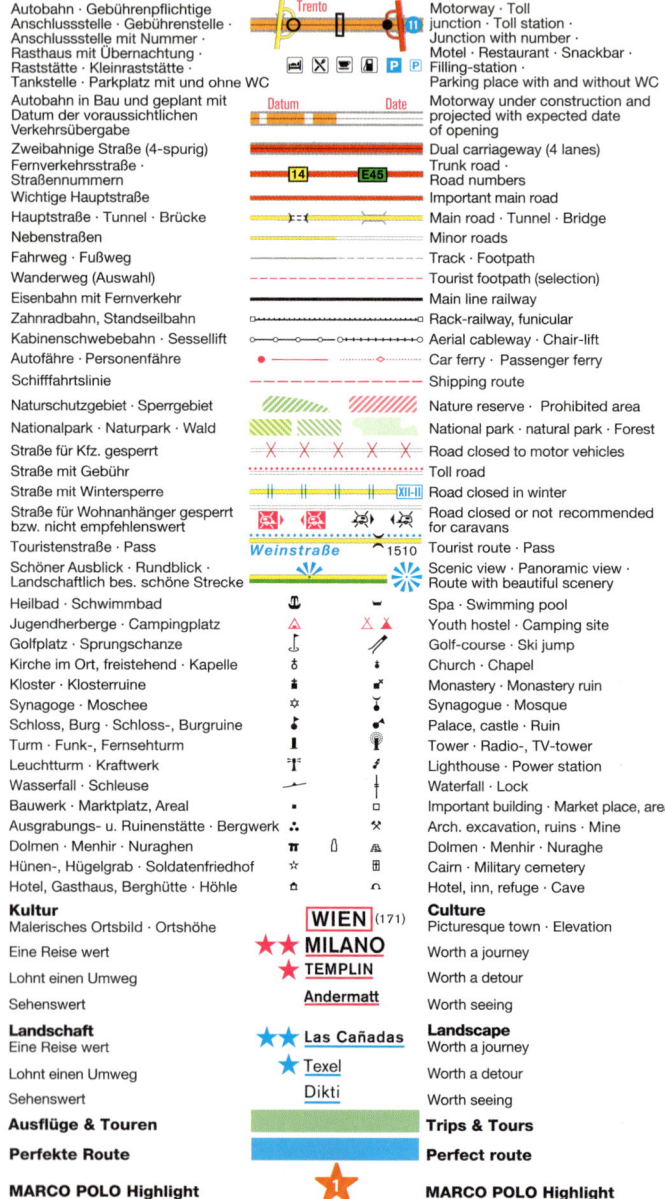

Autobahn · Gebührenpflichtige Anschlussstelle · Gebührenstelle · Anschlussstelle mit Nummer · Rasthaus mit Übernachtung · Raststätte · Kleinraststätte · Tankstelle · Parkplatz mit und ohne WC	Motorway · Toll junction · Toll station · Junction with number · Motel · Restaurant · Snackbar · Filling-station · Parking place with and without WC
Autobahn in Bau und geplant mit Datum der voraussichtlichen Verkehrsübergabe	Motorway under construction and projected with expected date of opening
Zweibahnige Straße (4-spurig)	Dual carriageway (4 lanes)
Fernverkehrsstraße · Straßennummern	Trunk road · Road numbers
Wichtige Hauptstraße	Important main road
Hauptstraße · Tunnel · Brücke	Main road · Tunnel · Bridge
Nebenstraßen	Minor roads
Fahrweg · Fußweg	Track · Footpath
Wanderweg (Auswahl)	Tourist footpath (selection)
Eisenbahn mit Fernverkehr	Main line railway
Zahnradbahn, Standseilbahn	Rack-railway, funicular
Kabinenschwebebahn · Sessellift	Aerial cableway · Chair-lift
Autofähre · Personenfähre	Car ferry · Passenger ferry
Schifffahrtslinie	Shipping route
Naturschutzgebiet · Sperrgebiet	Nature reserve · Prohibited area
Nationalpark · Naturpark · Wald	National park · natural park · Forest
Straße für Kfz. gesperrt	Road closed to motor vehicles
Straße mit Gebühr	Toll road
Straße mit Wintersperre	Road closed in winter
Straße für Wohnanhänger gesperrt bzw. nicht empfehlenswert	Road closed or not recommended for caravans
Touristenstraße · Pass	Tourist route · Pass
Schöner Ausblick · Rundblick · Landschaftlich bes. schöne Strecke	Scenic view · Panoramic view · Route with beautiful scenery
Heilbad · Schwimmbad	Spa · Swimming pool
Jugendherberge · Campingplatz	Youth hostel · Camping site
Golfplatz · Sprungschanze	Golf-course · Ski jump
Kirche im Ort, freistehend · Kapelle	Church · Chapel
Kloster · Klosterruine	Monastery · Monastery ruin
Synagoge · Moschee	Synagogue · Mosque
Schloss, Burg · Schloss-, Burgruine	Palace, castle · Ruin
Turm · Funk-, Fernsehturm	Tower · Radio-, TV-tower
Leuchtturm · Kraftwerk	Lighthouse · Power station
Wasserfall · Schleuse	Waterfall · Lock
Bauwerk · Marktplatz, Areal	Important building · Market place, area
Ausgrabungs- u. Ruinenstätte · Bergwerk	Arch. excavation, ruins · Mine
Dolmen · Menhir · Nuraghen	Dolmen · Menhir · Nuraghe
Hünen-, Hügelgrab · Soldatenfriedhof	Cairn · Military cemetery
Hotel, Gasthaus, Berghütte · Höhle	Hotel, inn, refuge · Cave

Kultur	**Culture**
Malerisches Ortsbild · Ortshöhe	Picturesque town · Elevation
Eine Reise wert	Worth a journey
Lohnt einen Umweg	Worth a detour
Sehenswert	Worth seeing

Landschaft	**Landscape**
Eine Reise wert	Worth a journey
Lohnt einen Umweg	Worth a detour
Sehenswert	Worth seeing

Ausflüge & Touren	**Trips & Tours**
Perfekte Route	**Perfect route**
MARCO POLO Highlight	**MARCO POLO Highlight**

ALLE **MARCO POLO** REISEFÜHRER

DEUTSCHLAND

Allgäu
Bayerischer Wald
Berlin
Bodensee
Chiemgau/
　Berchtesgadener
　Land
Dresden/
　Sächsische
　Schweiz
Düsseldorf
Eifel
Erzgebirge/
　Vogtland
Föhr/Amrum
Franken
Frankfurt
Hamburg
Harz
Heidelberg
Köln
Lausitz/
　Spreewald/
　Zittauer Gebirge
Leipzig
Lüneburger Heide/
　Wendland
Mecklenburgische
　Seenplatte
Mosel
München
Nordseeküste
　Schleswig-
　Holstein
Oberbayern
Ostfriesische Inseln
Ostfriesland/
　Nordseeküste
　Niedersachsen/
　Helgoland
Ostseeküste
　Mecklenburg-
　Vorpommern
Ostseeküste
　Schleswig-
　Holstein
Pfalz
Potsdam
Rheingau/
　Wiesbaden
Rügen/Hiddensee/
　Stralsund
Ruhrgebiet
Sauerland
Schwarzwald
Stuttgart
Sylt
Thüringen
Usedom
Weimar

ÖSTERREICH SCHWEIZ

Berner Oberland/
　Bern
Kärnten
Österreich
Salzburger Land
Schweiz

Steiermark
Tessin
Tirol
Wien
Zürich

FRANKREICH

Bretagne
Burgund
Côte d'Azur/
　Monaco
Elsass
Frankreich
Französische
　Atlantikküste
Korsika
Languedoc-
　Roussillon
Loire-Tal
Nizza/Antibes/
　Cannes/Monaco
Normandie
Paris
Provence

ITALIEN MALTA

Apulien
Dolomiten
Elba/Toskanischer
　Archipel
Emilia-Romagna
Florenz
Gardasee
Golf von Neapel
Ischia
Italien
Italienische Adria
Italien Nord
Italien Süd
Kalabrien
Ligurien/Cinque
　Terre
Mailand/
　Lombardei
Malta/Gozo
Oberital. Seen
Piemont/Turin
Rom
Sardinien
Sizilien/Liparische
　Inseln
Südtirol
Toskana
Umbrien
Venedig
Venetien/Friaul

SPANIEN PORTUGAL

Algarve
Andalusien
Barcelona
Baskenland/
　Bilbao
Costa Blanca
Costa Brava
Costa del Sol/
　Granada

Fuerteventura
Gran Canaria
Ibiza/Formentera
Jakobsweg/
　Spanien
La Gomera/
　El Hierro
Lanzarote
La Palma
Lissabon
Madeira
Madrid
Mallorca
Menorca
Portugal
Spanien
Teneriffa

NORDEUROPA

Bornholm
Dänemark
Finnland
Island
Kopenhagen
Norwegen
Oslo
Schweden
Stockholm
Südschweden

WESTEUROPA BENELUX

Amsterdam
Brüssel
Cornwall und
　Südengland
Dublin
Edinburgh
England
Flandern
Irland
Kanalinseln
London
Luxemburg
Niederlande
Niederländische
　Küste
Schottland

OSTEUROPA

Baltikum
Budapest
Danzig
Krakau
Masurische Seen
Moskau
Plattensee
Polen
Polnische
　Ostseeküste/
　Danzig
Prag
Slowakei
St. Petersburg
Tallinn
Tschechien
Ukraine
Ungarn
Warschau

SÜDOSTEUROPA

Bulgarien
Bulgarische
　Schwarzmeer-
　küste
Kroatische Küste/
　Dalmatien
Kroatische Küste/
　Istrien/Kvarner
Montenegro
Rumänien
Slowenien

GRIECHENLAND TÜRKEI ZYPERN

Athen
Chalkidiki/
　Thessaloniki
Griechenland
　Festland
Griechische Inseln/
　Ägäis
Istanbul
Korfu
Kos
Kreta
Peloponnes
Rhodos
Samos
Santorin
Türkei
Türkische Südküste
Türkische Westküste
Zákinthos/Itháki/
　Kefalloniá/Léfkas
Zypern

NORDAMERIKA

Alaska
Chicago und
　die Großen Seen
Florida
Hawai´i
Kalifornien
Kanada
Kanada Ost
Kanada West
Las Vegas
Los Angeles
New York
San Francisco
USA
USA Ost
USA Südstaaten/
　New Orleans
USA Südwest
USA West
Washington D.C.

MITTEL- UND SÜDAMERIKA

Argentinien
Brasilien
Chile
Costa Rica
Dominikanische
　Republik

Jamaika
Karibik/
　Große Antillen
Karibik/
　Kleine Antillen
Kuba
Mexiko
Peru/Bolivien
Venezuela
Yucatán

AFRIKA UND VORDERER ORIENT

Ägypten
Djerba/
　Südtunesien
Dubai
Israel
Jordanien
Kapstadt/
　Wine Lands/
　Garden Route
Kapverdische
　Inseln
Kenia
Marokko
Namibia
Rotes Meer/Sinai
Südafrika
Tansania/
　Sansibar
Tunesien
Vereinigte
　Arabische
　Emirate

ASIEN

Bali/Lombok/Gilis
Bangkok
China
Hongkong/Macau
Indien
Indien/Der Süden
Japan
Kambodscha
Ko Samui/
　Ko Phangan
Krabi/Ko Phi Phi/
　Ko Lanta
Malaysia
Nepal
Peking
Philippinen
Phuket
Shanghai
Singapur
Sri Lanka
Thailand
Tokio
Vietnam

INDISCHER OZEAN UND PAZIFIK

Australien
Malediven
Mauritius
Neuseeland
Seychellen

REGISTER

Im Register sind alle in diesem Reiseführer erwähnten Orte, Ausflugsziele und Weinlagen verzeichnet. Gefettete Seitenzahlen verweisen auf den Haupteintrag.

SCHREIBEN SIE UNS!

SMS-Hotline: 0163 6 39 50 20

E-Mail: info@marcopolo.de

Egal, was Ihnen Tolles im Urlaub begegnet oder Ihnen auf der Seele brennt, lassen Sie es uns wissen! Ob Lob, Kritik oder Ihr ganz persönlicher Tipp – die MARCO POLO Redaktion freut sich auf Ihre Infos.

Wir setzen alles dran, Ihnen möglichst aktuelle Informationen mit auf die Reise zu geben. Dennoch schleichen sich manchmal Fehler ein – trotz gründ-

licher Recherche unserer Autoren/innen. Sie haben sicherlich Verständnis, dass der Verlag dafür keine Haftung übernehmen kann. Kontaktieren Sie uns per SMS, E-Mail oder Post!

MARCO POLO Redaktion
MAIRDUMONT
Postfach 31 51
73751 Ostfildern

IMPRESSUM

Titelbild: Weinberge am Rhein bei Assmannshausen (Look: Martini)

Fotos: Architekturbüro Gresser: H. P. Gresser (17 u.); DuMont Bildarchiv: Bernhart (2 M. o., 6), J. A. Fischer (Klappe r., 18/19, 47, 78), Lubenow (Klappe l., 2 o., 2 u., 3 M., 3 u., 4, 7, 21, 23, 28/29, 30 l., 42/43, 53, 57, 60, 73, 80/81, 87, 88/89, 90, 98/99, 107); © fotolia.com: pixarno (16 M.); Peter Grundel (16 u.); G. Hartmann (2 M. u., 32/33); Improvisationstheater „Für Garderobe keine Haftung" GbR (16 o.); S. Kuttig (28); Laif: Bruch (93), Gonzalez (10/11); Look: Lubenow (8, 12/13), Martini (1 o., 106 o.); mauritius images: Imagebroker (112/113); B. Müller-Wöbcke (1 u.); Thai Massage Eltville Rheingau: B. Anstatt (17 o.); E. Wrba (3 o., 5, 9, 15, 20, 24/25, 26 l., 26 r., 27, 30 r., 34, 37, 38, 44, 49, 51, 54, 59, 63, 64/65, 66, 68, 70, 74, 77, 82, 85, 94/95, 97, 101, 102, 103, 106 u.)

4. Auflage 2013
Komplett überarbeitet und neu gestaltet
© MAIRDUMONT GmbH & Co. KG, Ostfildern
Chefredaktion: Michaela Lienemann (Konzept, Chefin vom Dienst), Marion Zorn (Konzept, Textchefin)
Autorin: Birgit Müller-Wöbcke
Redaktion: Nikolai Michaelis
Verlagsredaktion: Ann-Katrin Kutzner, Nikolai Michaelis
Bildredaktion: Gabriele Forst, Barbara Mehrl
Im Trend: wunder media, München
Kartografie Reiseatlas: © MAIRDUMONT, Ostfildern; Kartografie Faltkarte: © MAIRDUMONT, Ostfildern
Innengestaltung: milchhof:atelier, Berlin; Titel, S. 1, Titel Faltkarte: factor product münchen

BLOSS NICHT

Auch im Rheingau gibt es einige Dinge, die Sie besser unterlassen

WEINKAUF IN DER DROSSELGASSE

Das Angebot ist riesengroß, man suggeriert Ihnen günstige Sonderangebote, lädt zum Kosten und Kaufen, aber besser ist ein klares „Nein": Die Weine sind zu teuer und wenden sich an den süßen US-Geschmack. Die Rüdesheimer Drosselgasse eignet sich zum Amüsieren, Weine kauft man besser beim Winzer oder in der Genossenschaft.

B 42 BEFAHREN ODER ZU FUSS ÜBERQUEREN

Es herrscht immer viel Betrieb, die breite – aber trotzdem nur zweispurige – Straße verführt zum Überholen, und während der Rushhour wird gerast. Gefährlich ist es, an der falschen Straßenseite zu halten und dann zwecks Besichtigung die Straße zu überqueren. Besser geeignet für gemächliche Besichtigungen ist die alte B 42 a.

BEIM WINZER COLA BESTELLEN

Viele Rheingauer Winzer unterhalten eine Gastwirtschaft, ein Restaurant oder eine Straußwirtschaft. Hier erhält man neben Wein regionale Gerichte oder kleinere Speisen. Im Vordergrund steht immer der Ausschank des eigenen Weins. Auch wer lieber auf Wein verzichtet, ist beim Winzer gern gesehen. Nur Cola sollte man nicht gerade bestellen, das zieht pikiertes Naserümpfen nach sich. Aus Weintrauben wird auch Traubensaft hergestellt – den serviert man jederzeit gern.

IN DER STRAUSSWIRTSCHAFT AM „EIGENEN" TISCH SITZEN

Das gibt es in der Straußwirtschaft nicht! Die Tische sind gewöhnlich groß, mehrere Paare und Familien haben Platz daran. Wenn jemand hereinkommt, rückt man zusammen und beginnt mit den Neuankömmlingen ein Gespräch. Einen Tisch nur für sich allein zu beanspruchen („Diese Plätze sind besetzt!") wäre nicht nur unmögliches Benehmen – es würde außerdem wohl gar nicht erst respektiert.

SCHWIMMEN IM RHEIN

Jahr für Jahr machen es Mutige vor und schwimmen durch den Rhein ans andere Ufer. „Der Rhein ist wieder sauber" ist ihr Credo. Ob das stimmt oder nicht, sei einmal dahingestellt. Tatsache ist, dass es sich beim Rhein um eine viel befahrene Schifffahrtsstraße handelt, in der zudem eine starke Strömung herrscht.

OHNE RESERVIERUNG

Während der Ferien und ganz besonders bei Großveranstaltungen wie dem Rhein in Flammen im Juli sind die Hotels oft ausgebucht. Für solche Zeiten reservieren Sie am besten bereits Monate vorher. Und während des Gourmetfestivals im Februar/März und der Glorreichen Tage im November wird es an den Tischen der Restaurants eng, da es auf den Terrassen und in den Gärten dann zu kalt ist. Wer zu diesen Zeiten unterwegs ist, sollte im Restaurant reservieren.